新装版

部屋も頭もスッキリする！

片づけ脳

脳内科医／「脳の学校」代表

加藤俊徳

自由国民社

はじめに——片づけたくても片づけられないあなたへ

片づけたいけれど…
何から手をつけていいかわからない。
「まあ、いいや」と思ってそのままにしてしまう。

片づけ始めたら…
ものがどこにあるかわからなくなった。
かえって散らかってしまった。
途中でイヤになってやめてしまった。

片づけたけれど…
すぐに元に戻ってしまう。
家族がすぐに散らかしてしまう。

そんな悩みを抱えている人は少なくないでしょう。

〝片づけ〟は、多くの女性を悩ます永遠のテーマです。

片づけられないのは、自分のせい（やる気が出ない、面倒くさい、整理整頓の能力が低い）、家族のせい（子どもが散らかす、夫が協力してくれない）などと思うものの、打開策がなくて困っていませんか？

そんなあなたへ。**じつは、片づけられないのは〝脳〟のせいなのです！**

脳のある部分が弱いために、「片づけられない脳」になってしまっているのです。

〝片づける〟という指令を出すべき脳が、「片づけられない脳」の状態になっていると、やる気が出ない、面倒くさいという気持ちにもなりますし、整理整頓ができなくなります。そして家族の協力が得られないのにも、脳が関係しています。

ですから脳の働きを理解し、弱い部分を鍛えることで、片づけられるようになる脳＝**「片づけ脳」に変えれば、おのずと片づけができるようになります。**

ここまで読んできて「〝自分の脳を変えましょう〟といわれても、脳はもうある程度成長してしまっているし、今さら変えられっこない」と思っている方もいるかもしれません。しかし、脳は変えられます！
人間のからだの多くの臓器や器官は、年をとればとるほど衰えていくものですが、じつは脳だけは死ぬまで成長し続けます。つまり、**脳はいくつになっても変えられる**のです！

ですから、あなたも「片づけ脳」になることをめざしましょう。
それにはまず、あなたの脳の〝弱い部分〟を見つけること。そして、その部分を鍛えるトレーニングをすることです。

はじめに、あなたはどの程度の「片づけられない脳」なのか、次のチェックリストで確認してみましょう。

「片づけられない脳」チェックリスト

A

- □ 1　空や月、星をあまり見ない
- □ 2　人混みの中でよくぶつかる
- □ 3　ペットや植物の世話をしたことがない

B

- □ 4　テレビを観ながら、つい文句を言ってしまう
- □ 5　独り言が多い
- □ 6　地図を読むのが苦手

C

- □ 7　物事を決めるのに時間がかかる
- □ 8　パソコン、スマホを使う時間が長い
- □ 9　あまり歩かずに、電車やバスに乗ってしまう

D

- □ 10　つい、大人買いしてしまう
- □ 11　イライラすると甘いものを食べたりお酒を飲んだりしがち
- □ 12　最近、寝つきが悪い

E

□13　人から言われたことをすぐに実行できない

□14　手書きする機会が減った

□15　過去を振り返る時間をつくらない

F

□16　テレビを観ていて、泣いたり笑ったりすることが減ってきた

□17　急に気が変わることが増えた

□18　人が話すことに共感できない

G

□19　気がつくと、一方的に話をしている

□20　スーパーやコンビニで店員さんの声がうまく聞き取れない

□21　人が話しているときに自分の話をかぶせがち

H

□22　自分の言動が人に誤解を与えることが多い

□23　手紙やメールを書くのが面倒

□24　独りでいるほうが気楽でいい

さあ、あなたはいくつチェックがつきましたか？
チェックした数であなたの「片づけられない脳」レベルがわかります。

0個

あなたは立派な「片づけ脳」です。本書を読まなくても片づけができている人だと思いますが、片づけのレベルを上げたい、脳も鍛えたいとお思いでしたら、ぜひ読み進めてください。

1〜5個

「やや片づけられない脳」です。比較的バランスのとれた脳といえますが、「結構片づけられない脳」になってしまうことを防ぎましょう。

6〜10個

「結構片づけられない脳」です。まだ重症化はしていませんが、トレーニングをして鍛えたほうがいいでしょう。

11〜15個
「ほぼ片づけられない脳」です。これ以上「片づけられない脳」化しないために、弱い部分をしっかり鍛えてください。

16〜24個
「片づけられない脳」です。さっそくトレーニングを始めて、脳を変えていきましょう！

さて、AからHのカテゴリーのなかで、どこに多くチェックがつきましたか？
どのカテゴリーにチェックが多くついたかによって、あなたが特に鍛えるべき脳の部分がわかります。

〈鍛えるべき脳の部分〉

Aが多かった人……視覚系
Bが多かった人……理解系
Cが多かった人……運動系
Dが多かった人……思考系
Eが多かった人……記憶系
Fが多かった人……感情系
Gが多かった人……聴覚系
Hが多かった人……伝達系

この8つについては、第1章と第2章で詳しく説明していきます。

なぜ片づけられない脳になったのか、その原因はさまざま考えられますが、そもそも人それぞれ、脳にはクセがあります。

その**自分の〝脳のクセ〟に注目して、日々の脳の使い方を変えて、脳の弱い部分を鍛えましょう。**そうすることで、誰もが「片づけ脳」になれます。

自分の脳はどこが弱いのかを知り、ぜひ脳を鍛えるトレーニングを日常生活に取り入れてください。

また、「片づけ脳」になると、片づけができる以外にも、たくさんの〝いいこと〟に恵まれます。例えば、

- 「片づけなきゃ」というストレスやプレッシャーから解放される
- 余裕ができるので、やりたいことがいつでもできるようになる
- 毎日が楽しくなって、生き生きとしてくるので魅力が増す
- 人気者になって、自然と振る舞いや話しぶりに磨きがかかる
- すてきな出会いが期待できる

・夫や恋人がいる人は、相手からますます愛される

などです。その他のメリットは第3章でご紹介しましょう。

「片づけ脳」は運を引き寄せ、あなたの人生を明るく照らしてくれます。

さあ、あなたも、「片づけ脳」をめざして、本書のページをめくってください！

目次

視覚系トレーニング

2 理解系脳番地 状況をのみ込めていますか？

運動系

4 思考系脳番地 すぐ実行に移していますか？ 096

思考系トレーニング

5 記憶系脳番地 記憶力に自信はありますか？ 120

記憶系トレーニング

聴覚系

8 伝達系脳番地 思いをうまく伝えていますか？

伝達系トレーニング

第1章

片づけられないのは脳のせいだった！

脳に弱い部分があるから、片づけられない

最初に、少しだけ〝脳〟についてお話しておきましょう。

脳は、ご存じのとおり、私たち人間にとって、非常に大事な〝器官〟です。考えたり、痛みを感じたり、おしゃべりしたり、運動したり……そうしたことができるのも、脳がちゃんと働いてくれているお陰です。私たちの感情や思考、行動などあらゆることは、脳の働きに委ねられています。

ですから、片づけも、脳がいかにしっかり「片づけよう」と働くかが大事になります。

脳には、約1000億個以上の神経細胞が存在しています。それらの神経細胞には、「考える」「記憶する」「からだを動かす」など、さまざまな役割が与えられています。

そして、同じような働きをする細胞は寄り集まって、神経細胞の集団をつくっています。

その集団がつくられている、いわば「基地」のようなところを、私は住所のように「脳番地」という概念で表現しています。脳番地は、全部で１２０ありますが、機能別にすると８つの系統に分けられます。

視覚系脳番地、理解系脳番地、運動系脳番地、思考系脳番地、記憶系脳番地、感情系脳番地、聴覚系脳番地、伝達系脳番地の８つです（25ページのイラスト参照）。

８つの脳番地は、いずれも左脳、右脳の両方にまたがっています。

以下に、それぞれの脳番地が未熟だった場合にどうなるか、その状態と、脳番地の役割、片づけとの関係を、簡単に説明します。

1　視覚系脳番地　部屋の様子が目に入らない！

目で見たことを脳に伝える脳番地。左脳側は言葉や文字、右脳側はイメージや映像に関係します。ここが衰えていると、見た情報を正確に処理できず、部屋が散らかっていても、そもそもそれが視覚情報としてインプットされません。

2　理解系脳番地　状況がのみ込めない！

物事や言葉を理解することに関係する脳番地。与えられた情報を理解し、自分を客観視する能力にも関係しており、好奇心によって成長します。空間認知にも関係しています。「片づけたくても、どうしていいかわからない」「散らかっている状態を見ても頭がフリーズしてしまう」という人は、この番地が弱いといえます。

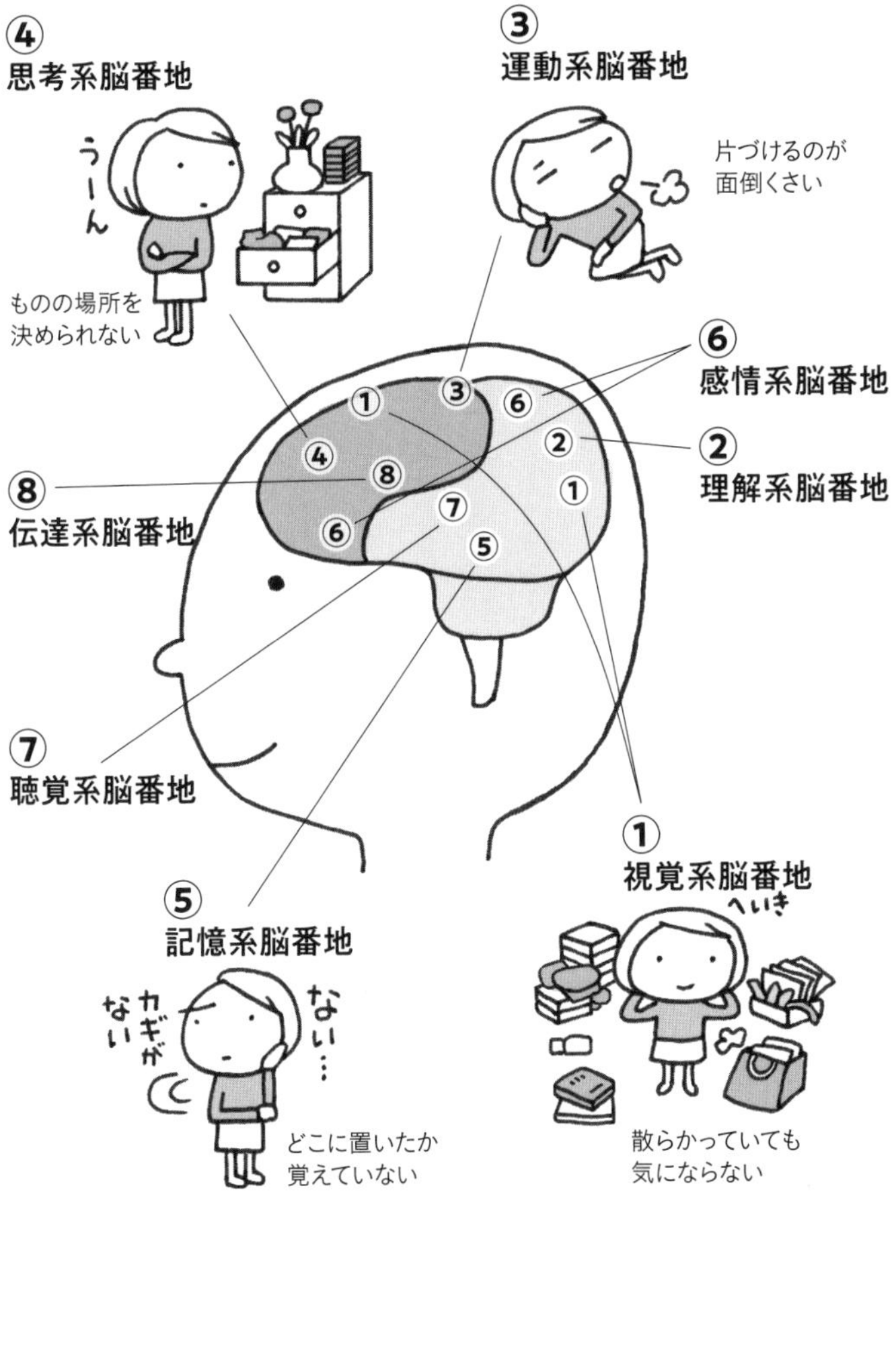

④
思考系脳番地
うーん
ものの場所を
決められない
③
運動系脳番地
片づけるのが
面倒くさい
⑥
感情系脳番地
②
理解系脳番地
⑧
伝達系脳番地
⑦
聴覚系脳番地
①
視覚系脳番地
へいき
散らかっていても
気にならない
⑤
記憶系脳番地
カギがない
ない…
どこに置いたか
覚えていない

3　運動系脳番地　手が出ない、動きが遅い！

からだを動かすことに関係する脳番地。アスリートのほか、手先が器用な職人もこの脳番地が強いです。脳の中で最初に成長します。片づけは多くの場合、からだを動かして行う作業ですが、この運動系が弱いと、そもそも動くことがおっくうになってしまい、片づけるのも面倒に感じます。

4　思考系脳番地　実行に移せない！

物事を深く考えたり、判断したり集中力を高めたりする機能が集まっている脳番地。脳の司令塔ともいえます。この脳番地が弱いと、自分で自分に指示が出せず、物事をすぐには決められません。片づけの基本である「ものの場所を決める」ことが、なかなかできず、片づけが進みません。

5　記憶系脳番地　前の状態を覚えていない！

情報を蓄積する脳番地。覚えたり思い出したりすることに関係します。知識と感情の連動で強化されます。記憶系が弱いと、元にあった場所が思い出せず、結果、片づけることができません。

6　感情系脳番地　自分で決められない！

喜怒哀楽といった感情を表現する脳番地。死ぬまで成長し続けます。この分野が弱いと、片づけは他人任せになりがちになります。

7　聴覚系脳番地　聞くだけでは何をしていいかわからない！

言語の聞き取りや周囲の音など、耳で聞いたことを脳に集める脳番地。ここが弱いと、聞いたことを受け止めることができず、忘れてしまい行動できません。片づけも、面倒くさくなってしまいます。

8　伝達系脳番地　人にうまく伝えられない！

話したり伝えたりと、コミュニケーションに関係する脳番地。家族に「片づけて！」と言っても、家族が動いてくれないのは、コミュニケーションの仕方に問題があるのかもしれません。

これらの脳番地は、**人によって、どこが強いか・弱いかはさまざま**です。まず、自分は8つのうちのどの脳番地が弱いのか、**自分の脳のクセを見極める**ことが、「片づけ脳」になるための第一歩です。

「はじめに」で述べたように、思うように片づけられないのは、その大本をたどると、日々の脳の使い方のクセのせいであり、脳の弱い部分によって引き起こされたことなのです。

例えば、スマートフォンの見すぎなどの**生活習慣**によって、眼球が動かず、視覚系脳番地が弱くなり、片づけができなくなります。これについては、第2章の視覚系脳番地や運動系脳番地の項で詳しく説明します。

家族がすぐに散らかしてしまうのは、相手の脳の聴く力（聴覚系脳番地）に問題があるか、あなたの脳の伝える力（伝達系脳番地）に問題がある可能性があります。これらについても、第2章のそれぞれの項で説明します。

また、じつは病気の症状として「片づけられない」ということが、往々にしてあります。その典型例は、注意欠陥多動性障害（ADHD）ですが、たとえ、病気だったとしてもあきらめる必要は、全くありません。私のクリニックに来院される患者さんに脳のトレーニングを続けてもらったところ、以前より病状に改善が見られました。**病気でも、適切に対処しながら脳番地トレーニングをすれば、少しずつ改善する**こともあるのです。

「片づけられない」3つのパターンと脳番地

さて、一言で「片づけられない」といっても、どう片づけられないのか突き詰めてみると、次のように分けられます。

「やろうと思っても、なかなかスイッチが入らない」「途中までやったはいいが、なかなか進まない」「片づけたけれど、すぐ元に戻ってしまう」の3つです。順番に説明しましょう。

①やろうと思っても、なかなかスイッチが入らない

「なかなかスイッチが入らない」パターンの人は、**運動系、思考系、伝達系が弱い**といえます。

運動系が弱いと、そもそも片づけのために動くのが面倒、と思ってしまいます。

思考系が弱いと、散らかっていても、「どうしたらいいかな」と、思考がぐるぐる回るだけで、考えがまとまらず、行動につながりません。自分の言葉で、自分にしっかり指示が出せないことも問題です。

また、伝達系が弱いと、どうしてほしいのかを家族にうまく伝えられず、散らかったままになりがちです。

②途中までやったはいいが、なかなか進まない

「やるけど、なかなか進まない」のは、**視覚系、理解系、聴覚系が弱い**からです。このパターンは、いくつかのサブタイプに分かれます。

1つ目は、片づけを始めるには始めるのですが、目の前にあるものを「ない！」と探してしまうタイプ。このタイプは視覚系が弱いといえます。

2つ目は、大量のものを目の前にして、どうやって処理していいか思いつかないタイプ。このタイプは理解系が弱いため、「これはどこに置いたらいいのかな」と、置

いた後の場所をイメージできなかったり、「これは必要かな？　必要ではないかな？」と悩んだりして、片づけが進みません。片づけているうちに、どうしたらいいかわからなくなってきて、「もう、いいや」となる人も理解系が弱いといえます。つまり、理解系が弱くアイデアが出てこないために、片づけができないのです。

３つ目は、他人のアドバイスをしっかり聞くことができずに、進まないタイプ。このタイプは聴覚系が弱いといえます。

③片づけたけれど、すぐ元に戻ってしまう

「片づけたのに、いつの間にか散らかっていた元の状態に戻ってしまう」のは、**記憶系や感情系が弱い**からです。

記憶系が弱いと〝片づいている状態〟を覚えていないため、いつの間にか自分にとってラクな〝片づけられていない状態〟に戻ってしまうのです。

「汚いとイライラする」という感情系がよく働く人は、片づいた状態を継続しようとしますが、記憶系や感情系が弱いと、片づいている状況を思い出したり、その心地

よさを覚えておいていつも意識したりすることが難しく、結局元の散らかした状態に戻ります。

あなたはどのパターンでしょうか？「はじめに」のチェックリストと、この3パターンで該当する脳番地があれば、第2章の解説を読み、特に気になる脳番地からトレーニングをしてみてください。

もちろん、弱い脳番地が多ければ多いほど片づけは難しくなります。これは、私が運営している(株)脳の学校で提供している脳の強みや弱みを分析する「脳番地診断ＳＲＩ」の結果からも明らかです。

そこで、**いくつかの脳番地が複合的に弱い場合、次のような優先順位で鍛えるようにするといいでしょう。**

1つ目は運動系脳番地です。運動不足だと行動するスイッチが入らず、片づけを始められません。「片づけられない脳」の典型です。常に運動系脳番地を鍛えることが大切です。たとえ今、片づけ脳であっても、運動不足が積み重なれば、途端に、片づけられない人に変身してしまう危険があります。まずは、毎日5キロ歩く、あるいは1時間以上は立って動くことです。

2つ目に意識したいのは、視覚系脳番地、つまり目を使うようにすることです。というのは、片づけようにもよく見ることができなければ、散らかっている様子がわからないからです。鍛えるには目をキョロキョロさせましょう。

おすすめはボール運動ですが、一人で簡単にできるのは、新聞紙や広告のチラシを丸めて足踏みしながらお手玉をすることです。81ページ以降で詳しく解説していますので、ぜひやってみてください。片づけは、目と手足が動かなければできないので、運動系と視覚系の脳番地を同時に働かせる動作を多くして鍛えましょう。

3つ目は思考系脳番地を鍛えることです。具体的には「すぐに行動する」練習です。

一番いいのは、朝目覚めたら、すぐに起き上がり、布団を上げて、洗顔、歯磨きするという行動を、即座にすることです。これには、思考系脳番地の覚醒が必要です。朝シャンも覚醒に効果的です。

４つ目は、記憶系脳番地で、「場面記憶」を強化することです。以前は散らかっていなかったのに、子どもの友だちが出入りするようになってから、片づけ物が増えたとか、いつも置く場所を決めているのに、家族が元に戻さないといった状況分析には、目で見た場面や状況の変化が映像でよみがえらなくてはなりません。これには、記憶系脳番地の強化が必要なのです。

このように、どれから始めたらいいか迷う場合は、**運動系→視覚系→思考系→記憶系の順に行うといい**でしょう。

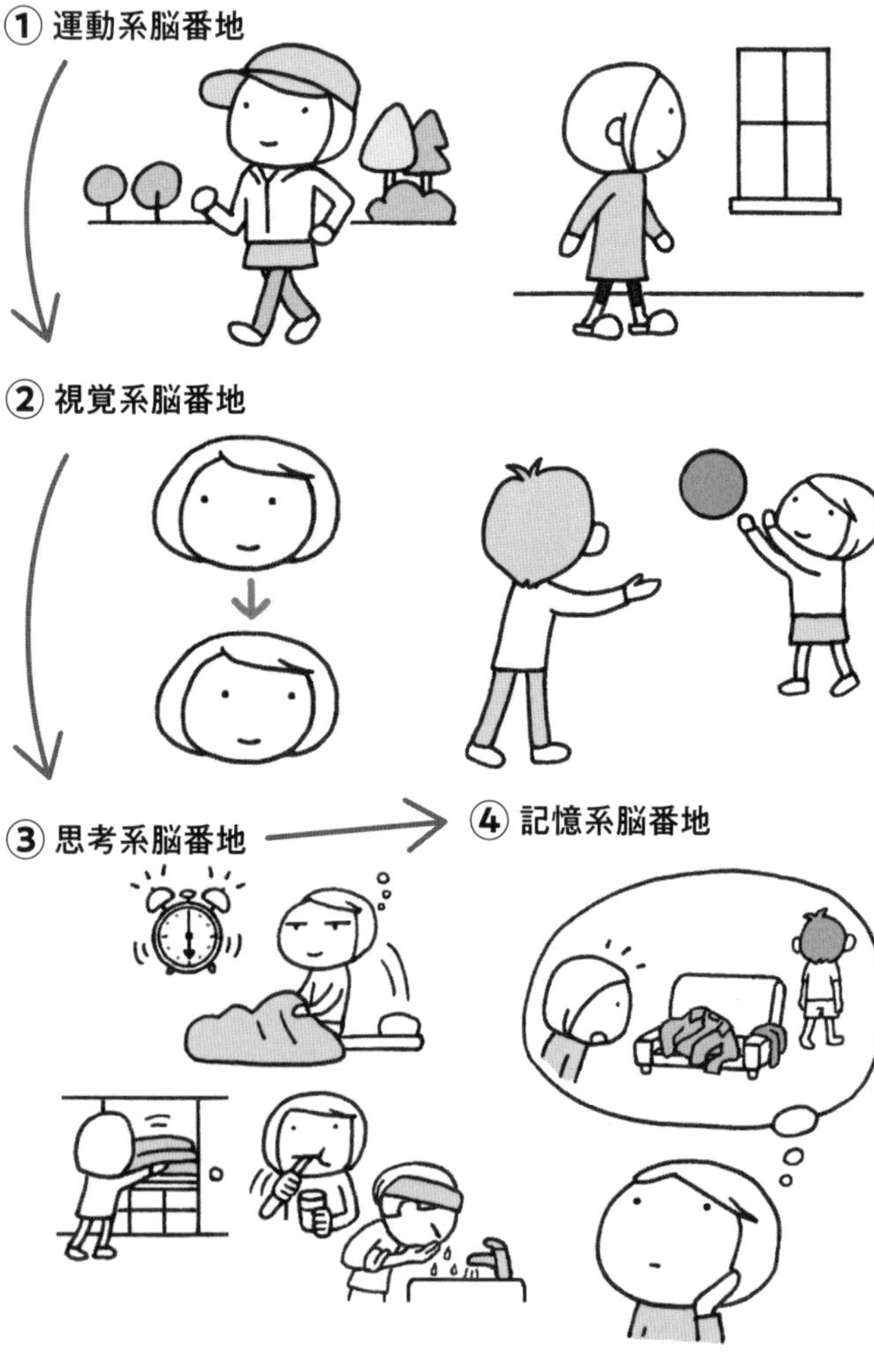
① 運動系脳番地
② 視覚系脳番地
③ 思考系脳番地
④ 記憶系脳番地

「片づかない！」イライラは脳を劣化させる

片づけられない、あるいは、片づいていない状態を目にしてしまうと、それをストレスに感じる人は多いでしょう。

ただ、片づけというのは、そのまま放っておいても、日々の生活に直接ダメージを与えるわけではなく、放置していても死にはしません。ですから、毎日忙しく生活する中では、それより他にやらなくてはいけないことがたくさんあるので、片づけはつい、後回しになってしまいます。

でも、だからこそ、心のどこかでずっと気になってイライラしてしまいます。

「気になっている」ということは、頭のどこかで意識している、それだけ脳を使っているということです。じつは、それが結果的に脳を弱くしてしまっているのです。

脳を使うには、酸素が必要です。気になることがあって、脳を使い続けていると、酸素を使いすぎてしまいます。

すると**脳は酸欠状態になり、息切れして、ストレスを感じてしまう**のです。

つまり、片づけの問題を解消しない限り、ストレスは永遠になくなりません。

仮にストレスを自覚していなくても、脳が弱っているために仕事の効率が悪くなるなど、どこかで影響が出てきている可能性があります。


片づけに起因するストレスは、じわじわと脳にダメージを与えています。

でも、今、それに気づいたあなたは、ラッキーです！　既にお伝えしているように、脳はいくつになっても、鍛えられるのですから、その脳の弱みは解消できるのです。

そして解消すれば、少しずつ「片づけ脳」になっていきます。

では具体的に、どうすれば弱い脳番地を鍛えられるのでしょうか。次章で詳しく説明していきます。

第2章

「片づけられない脳」を鍛える脳番地トレーニング

1 視覚系脳番地

部屋の様子、きちんと見えていますか？

こんな症状があったら、「視覚系」が衰えているのかも？

□目の前のものを「ない！」と探してしまう
□落ちているゴミに気づかない
□散らかっていても気にならない
□混雑しているところで人にぶつかることが増えた
□本や新聞を読むのが面倒になった
□電車などに乗っていて外の景色を見ると疲れる
□玄関に靴が何足も出しっ放し

観察力がつけば、片づけもスムーズに！

人間にとって視覚はとても重要な感覚です。片づけにおいても、まず「どこが片づいていていないか」と視覚的に捉えることが、片づけの最初の一歩となります。

そうした視覚のあらゆることに関係するのが、視覚系脳番地です。この脳番地には、**何かを「見る」「目を動かす」、テレビの映像などの「動きを捉える」、違いを見分けたり品質を見定めたりする「目利きする」の４つの働きがあります。**

この４つの役割をうまく働かせれば、細かい部分も意識するようになったり、別の角度から見るようになったりして、観察力や分析力がつきます。

例えば、冷蔵庫の中にわずかしか残っていないジャムの瓶を見つけ出したり、収納グッズを買わなくても、デッドスペースを見つけてスッキリ収納ができるようになったりします。

右脳側は画像、左脳側は文字を見る

右脳側にある視覚系脳番地は、画像や映像などを見るときに使われます。ここが弱いと、片づけをするうえで致命的です。なぜなら片づけとは、まず部屋や収納箱など片づける対象物を見て行う行為で、部屋や収納箱は画像として捉えられるからです。

パッと見たときに、「あの紙袋がじゃまだ」「クローゼットの引き出しがあふれそう」と、画像で捉えることができなければ、片づけに着手することはできません。

一方、言語をつかさどる左脳側は、文字を読むときに働きます。ここが衰えていても、片づけに支障をきたすことがあります。

例えばフードプロセッサーや体温計など小物家電の取り扱い説明書を読むときです。トリセツは細かい字でびっしり書いてあることが多く、それだけで面倒くさくなり、しっかり読みません。

保管やメンテナンスについての注意書きなども読まずに、適当に扱っていると、いざ機械が動かなくなったときの扱いに困ります。掃除機や洗濯機など日常よく使うものは、使えなくなると困るので、あらためてトリセツを引っ張り出すこともありますが、あまり使わない小物家電の場合、それも面倒くさいからと、動かなくなったものをそのまま放置してしまうこともあるのではないでしょうか。

それが結局、「片づかない」を生み出してしまっているのです。

スマホが視覚系脳番地の劣化の原因？

最近、この視覚系脳番地が弱いために「片づけられない」という人が多くなったのではないかと感じています。

そう感じる大きな原因は、スマートフォンのやりすぎです。

スマホを長時間連続使用していると、眼球が動かなくなり、視覚系脳番地にダメージを与えてしまうのです。眼球が動かなくなるということは、左右に置いてあるものや遠くのものを、しっかり見ることができなくなるということです。

「歩きスマホ」を想像してみてください。小さな画面に神経と目を集中させているため、周囲がほとんど見えず、人にぶつかりそうになった経験がある人も多いのではないでしょうか？

数年前、「歩きスマホは、視界が極端に狭くなります」と、「歩きスマホ」への警告ポスターを作成した鉄道会社がありました。まさにその通りなのです。

本来、人の視野は左右で約１８０度、上下で約１３０度です。しかし、スマホの画面に集中していると、それが極端に狭くなってしまうのです。歩きスマホをすると、通常と比べて見ている視野が20分の1になるともいわれています。

落ちているゴミも視界に入らない？

「歩きスマホ」に限らず、歩いていなくても長時間スマホの小さい画面を見続けていれば、眼球は動かず、視点はスマホの小さい画面の中に固定化されてしまいます。

そうなると、**ふだんでも視界に入るのは、スマホ程度の小さい画面だけになってしまう**のです。脳もそれに対応するようになってしまい、対象物がそもそも目に映らなくなります。機能的に視野が狭くなってしまうということです。

ですから、スマホの画面よりもずっと広い部屋を見たときでも、視界は狭いまま。

片づいていない状態が〝見えていない〟わけです。見えていないのですから、片づけられなくて当然です。それどころか、ゴミが落ちているのさえ、認識できないこともあります。

視界が狭くなっていることに気づかない！

「目に映っていなくて見えていない」のは視覚系脳番地の劣化によるものですが、一方で「目に映っているけれども、その状況がどういうことかを理解できない」ため、片づけができない場合もあります。これは、理解系脳番地の衰弱によるものです。

例えば、郵便物や子どもの学校のプリントなど、たくさんの紙類が散らかっていたとします。そのときに、それを「どう整理したらいいか」を考えるのは理解系脳番地の働きです。そして、それを実際の行動に移すのが運動系脳番地となります。

このように、片づけには複数の脳番地をしっかり働せることが必要になってきます。

しかし、そもそも散らかっているのが〝見えていない〟のであれば、その先に進めません。

そう考えると、視覚系脳番地が劣化した、〝見えていない〟人たちは、片づけを「面倒くさい」とすら思わないのかもしれません。

一番問題だと思うのは、「自分の視野が狭くなっている」ことに、当人が気づいていないことです。人混みの中で、他人をよけることができずにぶつかってしまう人は、その危険があるでしょう。知り合いとすれ違っても、気づかないこともあります。

「人混みを歩くと疲れる」という人も、視覚系脳番地が弱っている可能性がありま す。これは、目の前が変わっていく状態に対応できないため疲労を感じるということです。

対策としては、**スマホの画面を見るのは最小限にして、意識して遠くを見る**ようにすることです。そうすれば、視覚系脳番地が鍛えられて「じっくり見る」「目を動かして広く見える」「観察力がつく」ようになります。片づけができるようになるだけでなく、「よく気づく人」と評価が上がること、間違いなしです。

視覚系トレーニング1
風景の写真を撮る

弱まっている視覚系脳番地を回復させるトレーニングで一番のおすすめは、風景写真を撮ることです。風景というのは、視野いっぱいに広がるイメージですから、小さな画面を見つめ続けるスマホとは対局にあるものです。

写真を撮るときは、いいアングルを探そうとするので、あちこち目が動きます。これが眼球運動につながり、凝り固まった眼球を柔軟にしてくれます。

写真を撮らないまでも、窓から外を見たり、高層ビルの展望台から外を眺めたりするのもいいでしょう。高層ビルの最上階のレストランで食事をとるのも、視覚系脳番地を強化することにつながります。気分がリフレッシュされたり、わくわくしたりするので、感情系脳番地の刺激にもなります。

視覚系トレーニング2

電車の中ではスマホを見ずに窓の外を眺める

電車に乗っているときは、スマホを操作するのではなく、窓の外を見るようにしたほうがいいのは、言うまでもありません。

そのとき、外に見える看板のうち、**「赤い文字の看板」を探したり、「3」という数字を探したりと、何らかのテーマに沿って見るようにしてみましょう。**

漠然と車窓を眺めるのも悪くはありませんが、「なんとか探そう」として目でものを追うことは、視覚系脳番地を発達させます。

地下鉄の場合は、中吊り広告を見てみましょう。中吊り広告を一文字ずつ目で追って読んでいけば、言語関連をつかさどる左脳側にある視覚系脳番地が鍛えられます。

情報収集になるだけでなく、広告は短いコピーで的確に表現されているので、表現力強化にもつながり、脳番地トレーニングには最適です。

歩いているときは、鳥を探すのもいいでしょう。都心にもさまざまな鳥がいるものです。「カラスばかりじゃないんだ。何という鳥なんだろう？」と、新たな発見をすることにもつながり、好奇心をかき立てられるでしょう。好奇心をもつことは理解系脳番地に強い刺激を与えます。

視覚系トレーニング3

季節の果物狩りに行く

イチゴ狩りやリンゴ狩り、栗拾いといった果物狩りも、目をよく使う行為です。特に、こういうときは、**できるだけおいしそうなものを探して**採りますよね。そうした「目で探す」ことが、視覚系脳番地には大事です。

この「果物を探す」行為では、右脳側の脳番地が働きます。イメージとして目の中に映るものを追う行為だからです。

右脳側がしっかり働くと、片づけのときも「このファイルはあの棚にしまわなきゃ」と、ものから片づけるべき場所をイメージできるようになります。ただし、その際には、棚の場所も覚えておかねばならないので、記憶系脳番地もきちんと働くことが必要になってきます。

視覚系トレーニング４
ボール投げをする

「眼球を動かす」トレーニングで、おすすめなのがボール運動です。キャッチボールに使う小さな野球ボール（ゴムボール）でもバスケットボールなどの大きなボールでも、とにかく**目で追って、きちんと見なければ、ボールを捕ることもつかむこともできません。**すなわち、しっかり視覚系脳番地を使うということです。からだを使ってやることなので、運動系脳番地とも関係しています。

最近、「ボールをうまくキャッチできない」というお子さんが増えているようです。その場合、運動系脳番地が弱いということもありますが、視覚系脳番地が劣化しているためかもしれないと気になります。まずは日常生活でも、「**ものを落とさずにしっかりつかむ**」訓練が必要です。新聞紙を丸めて頭上に投げてキャッチしてみてください。手軽に視覚系脳番地を鍛えることができます。

視覚系トレーニング5

ふだんから相手の表情をよく見る

「しっかり見る」トレーニングの1つとして、「人の表情を見ること」もおすすめです。あまりジロジロ見たら、失礼な人と思われますが、ここでは初対面の人を見るということではなく、**家族や同僚など身近な人の表情や顔色をうかがう**ということです。日ごろから周囲の人の表情や顔色を見ていれば、「今日は機嫌が悪そうだな」「楽しそうだな、いいことがあったのかな」「体調が悪そうだな」と、変化に気づくことができます。

小さいお子さんをおもちの方は、「ふだんの子どもの様子を覚えておくように」と、小児科医にアドバイスされたことがあると思います。子どもの様子をふだんからしっかり見ておけば、子どもがまだ口をきけなくても「具合が悪そうだ」と、すぐに気づくことができるからです。

つまり「ふだんから〝見る〟ことを意識する」のは、変化に気づくためにも大事なことなのです。逆にいえば、**人の変化に気づける人は、視覚系脳番地が衰えていないといえる**でしょう。

一方、視覚系脳番地が衰えている人は、変化に気づきにくく、他人の表情や顔色を気にしません。そのため、「気遣いがない」と言われてしまいがちです。

そうならないためには、ふだんから相手の表情や顔色を見るようにすることが大事です。そしてそれが、視覚系脳番地を発達させることになるのです。

視覚系トレーニング6

ほうきで掃除する

多くの人は、日ごろは掃除機を使って掃除をしていると思います。それをあえて、ほうきで掃除するようにしてみてください。じつは、これも視覚系脳番地を強化するトレーニングです。

掃除機の場合、とりあえず掃除機を動かしていれば、ぼーっとしていたり、極端な話、床を見ていなかったりしても、きれいにはなります。

しかし、**ほうきで掃くとなると、床をまんべんなく見て、掃かねばなりません。**それだけでなく、ゴミのたまっていそうなところを探し出して、集中的に掃こうとします。

ホコリのたまり方や場所によっては、ほうきの使い方も工夫しなくては、うまく掃くことができません。大きく掃くか、小刻みに掃くか、あるいは穂先の一部だけを使うかなど、さまざまな動きが要求されるので、視覚系脳番地だけでなく、運動系脳番地も鍛えられます。

また、掃く面積が広ければ広いほど、「ゴミはないか」「ホコリはないか」と、目で追う範囲も広くなるので、それだけ眼球もよく動かすことになります。

自分の家だけでなく、近所の道路なども掃いてみれば、ご近所からの評価も高まり、近所づきあいもより円満になるなど、一石三鳥かもしれません。

視覚系トレーニング7

漫画本や旅行ガイドを速読する

先にも述べたように、視覚系脳番地では、左脳側は言語をつかさどり、右脳側は映像や画像などイメージするときに使われます。ですから、文章と絵が入った漫画本や写真、地図と解説が掲載されている旅行ガイドブックを読むことで、**視覚系の右脳と左脳を同時に鍛えることができます。**

これらを繰り返し読んで、徐々に速読できるように練習してみましょう。素早くページをめくることで、見た内容を早く処理する能力が身についてきます。

また速読により、左脳と右脳の視覚系の両方が活性化するため、ものを片づけるだけでなく、本や書類を整理する際にも役立ちます。

column

積極的に握手をしよう

ボールに限らず、「ものをつかむ」のは、その対象物をしっかり見ていなければできないことです。日常で「ものをつかむ」ことは、比較的多いでしょうが、ここでおすすめしたいのは、「人と積極的に握手をする」ことです。

じつは、私のクリニックにやってくるお子さんの中には、握手をしようとしても、しっかり私の手をにぎることができない子も少なくありません。握手できたとしても驚くほど握力がない。これではものをつかむのも、おぼつかなくなるのではないかと心配です。

片づけは、いろいろな形のものをつかんで移動させたり捨てたりする行為の組み合わせですから、ものをしっかりつかむことができなければ、片づけも進みません。引き出しからものを取り出そうとして、何度も落としてしまうようであれば、イライラも高まります。

握力は、ものをつかんだ回数が多ければ多いほど強くなりますから、「自分は握力がない」と感じる人は、積極的に握手をするようにしましょう。

2 理解系脳番地

状況をのみ込めていますか？

こんな症状があったら、「理解系」が衰えているのかも？

□散らかっていても「まあ、いいか」と思ってしまう
□〝散らかっている〟と認識できない
□散らかっていてもどこから手をつけていいかわからない
□見えていないものを頭の中でイメージすることが苦手
□必要なものと不必要なものが同じ袋や箱に入ったまま
□ものを捨てるのが苦手
□何がどこにあるかわからない
□料理の段取りが悪い

□会議などで話についていけないことがある
□パソコン上のアイコンが無秩序に並んでいる

片づけ下手には「理解系」が弱い人が多い

「片づけが苦手」という人の多くは、この理解系脳番地、特に右脳側が弱いといえます。というのは、**右脳側の理解系脳番地は、複数の情報を統合し、分類・整理する役割に加え、空間認知をつかさどる**からです。

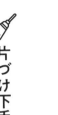

片づけの基本は、「いるもの」と「いらないもの」に分類し、処分したり移動したりすること。まず、分類・整理することができなければ、片づけられません。

さらに、自分の部屋はどのくらいの広さなのか、収納の高さ・幅・奥行きがどの程度なのか、そこにどんな収納グッズを入れればいいか、どれくらいの荷物が入るかといった空間認知力や、ホコリがたまりやすい場所はどこか、壁にはピンが刺さるかといった状況を見極める力など、片づけに必要な情報すべてを、この理解系脳番地が仕切っているといえるでしょう。

この脳番地が衰えていれば、片づけはできないのです。

ちなみに、左脳側の理解系脳番地は、言葉の意味を理解するのに大きな役割を果たします。複雑な言葉の羅列を筋道立てて整える際に働く脳番地で、編集者が本の構成を考えたり、弁護士が弁論したりする際の原稿作成に重要になるものです。ごちゃごちゃしている書類の一部を破棄したり、内容をまとめてファイルしたりするためにも、鍛えたい脳番地です。

〝片づけ方〟に気づこう！

もう少し詳しくこの脳番地の役割について説明しましょう。

私たちは、見たり聞いたりしてさまざまな情報を獲得し、物事や出来事を理解します。ものを見るのは視覚系脳番地、耳で聞くのは聴覚系脳番地ですが、これらを統合し、整理・分類して〝わかる〟に導くのが、理解系脳番地です。

理解系脳番地は、そのほかのいろいろな脳番地とつながりやすく、それらの情報を集めて、**「何がどうなっているか」を理解し、「次にどうしたらいいか」を決めます。**

この脳番地が強い人は、理解力に長けているといえるでしょう。**片づいていない状態を見たとき、何をどうすれば片づくかがすぐにわかる**のです。

クローゼットを見て、収納ケースの上に洋服が重なっていたら、「まずここから片づけよう」、脱いだ服は「今日は外出しなかったし、汚れていないからもう1日着られる。だから、このハンガーにかけておこう」、冷蔵庫の中を見れば、「この保存容器の大きさが揃っていないから探しにくいんだ」などと、現状を理解し、どうすれば片づくか〝片づけ方〟に気がつくようになります。

片づけを〝暗記〟で済ましていませんか？

片づけは「何がどこにあったか」を覚えておいて、そこの場所に戻す、という作業で、追って説明する記憶系脳番地が働きますが、この記憶系だけに頼ると、応用が利かなくなってきます。

第1章でも説明したように、「片づけられない」にも、いろいろなレベルがあります。それなりに片づけているのに中途半端だったり、傍から見ればちゃんと片づいているると見えるのに、本人が満足していなかったり、片づけをやってもやっても、思うように片づかなかったり……。そんな場合、もしかしたら、片づけを〝暗記〟で済ませているのかもしれません。

「これはカラーボックスの上。あれは、あの引き出しの中……」など片づけを暗記で済ませているために、**「これはどこに片づけるんだっけ……?」と迷って置きっ放しに**なっている可能性があります。

そうなると、結局片づきませんし、どこかにとりあえず片づけてしまっていたら**「あれはどこにしまった?」と探し物をする**ことになってしまいます。

また、「ダイレクトメールは玄関の脇、新聞はリビングのラック、カバンは机の脇のフック」などと、外出先から帰宅したときに、決まった場所に決まったものを置く習慣をつけるのはいいのですが、イレギュラーなものを持ち帰ったとき、どこに置いていいかわからず、その辺に置きっ放しになってしまうこともあります。

暗記で覚えるのではなく、空間をよく認識して、

「この場所に置くと便利か。取り出しやすいか」
「これは大事なものか。しまっておいても大丈夫か」
「似たようなものを別のところにしまっておかなかったか」

など、**〝理解〟しながら片づけていく**習慣をつければ、理解系脳番地が鍛えられ、自然と片づけ上手にもなっていきます。

時間で区切られると焦って混乱する

理解系脳番地が衰弱している人は、行動を時間で区切られると、極度に混乱します。物事を整理できないので、「あと○分しかない！」となると、焦って余計に混乱してしまうのです。

仕事がオーバーワークになりがちな人も、理解系脳番地が弱まっている危険があります。自分ができる分量と、引き受ける仕事量とのバランスをうまくとることができず、「とりあえず」引き受けてしまって、「やっぱりできない」となってしまうタイプの人です。「どのくらいやれば終わるか」といった先の見通しをつけられず、自滅してしまうのです。

片づける際には、時間を決めたりタイマーをかけたり、という方法もありますが、理解系脳番地が弱まっている人は逆効果になってしまう可能性があります。ただでさえ、何をどう片づければいいかがわからないのに、さらに時間を区切られれば、焦って混乱が進む一方なのです。

そういう人には**分割して取り組むことをおすすめします。**例えば、片づけ全体を4等分します。そして、この一角には20分かける、次の一角は30分、さらに、40分と10分というように、**片づける場所と、それぞれ片づけにかける時間の目安をつけます。**すると、合計で100分かかることがわかります。しかし、片づけられない人が100分間ずっと集中できるはずがありません。そこで、4等分の中で、**一番短い時間で片づくと見込んだ、10分の区画から開始する**のです。

要するに、10分、20分、30分、40分の順番で片づけるのです。その区間ごとに休憩をとってもいいし、「次の日でもいい」と考えてもいいでしょう。そもそも、このような見積もりをするトレーニングができていないことが「片づけられない」を引き起こすのです。10分のつもりが20分かかったとなれば、全体で2倍の２００分かかるということです。

「あと何分しかない」と慌てるのではなく、事前に時間を見積もる訓練を重ねれば、次第に時間内に片づけられるようになります。

会議でパニクる人は片づけができない？

仕事で参加しなくてはならない会議のとき、あなたは積極的に話ができますか？指名されたとき、しっかり自分の意見を言えるでしょうか？　最近、会議で発言を求められると、何を言っていいかわからなくて、その場でパニクってしまう人をよく見かけます。

パニクる人は、会議進行についていけていないということです。テーマはわかっていても、複数の人が少しずつ意見を言っている間に、誰がどう発言して、今、どんな展開となっているのかわからなくなってしまうのです。そのため、自分がなんと発言したらいいかもわからなくなります。

他人からの複数の意見を整理して、頭の中で区別したり、分類したりすることができないのは理解系が衰えているためだといえます。

このような「会議パニック」を起こすのは、人の発言が、語尾を最後まで言わずに終わらせてしまうことがあるからです。否定なのか肯定なのかどちらの話をされているのかわからなくなる場合があります。多くの場合は、それまでの話の流れや、「この人はこんな人だからこう言うだろう」という推測がつくので、それらの情報を自然に頭の中で組み合わせて、議論の進行状況や内容を把握します。

しかし、理解系脳番地が衰えていると、それができずに、複数の情報で混乱してしまうというわけです。このような人は、会議だけでなく、複数の仕事を担当すると、それぞれを順序立てて進行できなかったりもします。また、他人が笑っていても、なぜおかしいのか「笑いのツボ」がわからないことも多いようです。物事の道筋が、複雑になると理解できなくなるのです。

会議中の議論や複数の仕事を片づけることができないのですから、自分の部屋も片づけられなくて、ある意味当然です。逆にいえば、**部屋の片づけに取り組んで、それができるようになれば、仕事も順調に片づく可能性があります。**

理解系トレーニング1

空書で漢字を書く

理解系脳番地を強化する方法の1つが、「空書《くうしょ》」をすることです。空書とは、筆や紙を使わず、手の人差し指で、空中に文字を書くこと。

文字を思い出すときに空間に字を書いてみたりする、あの行動のことで、「空書《そらが》き」ともいわれます。学校などでは筆順指導や字形指導でよく行われている方法です。

小学校低学年の児童が習う簡単な漢字、川や山などを手で書いてみましょう。ここで大事なのは、まず**書く前に、頭の中に、川や山の文字を思い浮かべる**ことです。次に、**その想像した文字が、あたかも目の前にあるようにイメージし、習字の下書きの上をなぞるようにして右手（利き手）を動かしてみてください**。

左手も同様に行います。利き手が右の人なら、左手で書こうとするときは時間がかかります。この時間がかかることが、空書をする際の「残像時間」になります。

空書の場合、紙などにその筆跡は残りませんが、残像として頭に残ります。それが理解系脳番地を使うことになるのです。

簡単な漢字が書けるようになったら、〝雲〟〝連〟など徐々に画数の多い漢字にチャレンジし、〝薔薇〟や〝麗〟などが書けるようになるまで、少しずつレベルアップしていきましょう。空書のコツは、**ゆっくり正確に**書くようにすることです。そうすれば長時間、理解系脳番地が刺激されます。

理解系トレーニング2

部屋のレイアウト図を書いてみる

理解系脳番地にも右脳側と左脳側があります。左脳側は言語の整理整頓をします。言われたことや文章で読んだことを「これはこういうことだから、次にああして……」と理解します。

一方、右脳側は文字ではなく、「このペンはあそこに置いて、椅子はここに置いて」というように、ものの配置を考えるときに働きます。「このソファをこの部屋に置いたら窮屈になるだろう」などと感じるのも、右脳側の理解系脳番地が働いているお陰です。

片づけにおいては、配置は重要ですから、この番地を強化することはとても大切です。そのためには、部屋の広さを把握し、オーガナイズしていく必要があります。

とはいっても、部屋を眺めるだけでは、うまくいきません。まず、メモ帳でもいいので、自分の家や部屋の間取り図を書いてみてください。さらに、その間取り図の中に、今置いてある家具などの配置図を書きこんでみましょう。

部屋を見回しながら、なんとなくイメージするのとは違い、**紙上に書くことで、どのあたりにどのくらいスペースがあるか、何がどこに置いてあるか、あらためて認識できるようになり、理解系脳番地が鍛えられます。**

それができたら、別の紙に自分の理想とする部屋のレイアウトを書いてみましょう。そうすれば、どこに何を置くかが整理され、要らないもの、じゃまな家具なども見えてきます。実際にそのレイアウトに沿って模様替えに取り組めるようになるかもしれません。

理解系トレーニング3

残り物を使って料理をする

料理はさまざまな脳番地を駆使する最高の脳番地トレーニングですが、特に理解系がしっかり働いていないと、時間ばかりかかってしまいます。1品だけでなく、2～3品つくるのであれば、手順を考えておかなければなりません。

「根菜は煮るのに時間がかかるから、最初に切って、煮ている間にサラダをつくって……」と、**頭の中で手順を考える**のは、まさに理解系脳番地の働きです。

「今日、元気がなさそうなので、あの子の好きなホットケーキをおやつにつくろう」など、**相手の気分を推測しながらつくる**ことも、理解系脳番地を鍛えることにつながります。

「おいしいと思ってもらえるかな？　喜んでもらえるかな？」と期待することは、感情系脳番地も刺激します。

理解系がぐんと鍛えられるのが、残り物だけで料理をつくることです。**限られた食材で、家族が喜ぶメニューをどうつくるか。組み合わせや調理方法、味付けに工夫を凝らすことは、これまで自分が得てきた知見を総動員する行為ともいえ、理解系脳番地を活発に働かせます。**

料理の手順と同じで、1日のスケジュールを把握できないのも、理解系脳番地が弱い証拠です。「まず今日は起きたら何をするか」から始まって、寝床につくまでにやるべきことを、1本の線で結びつけるようにして予定を把握する。そんなトレーニングも理解系脳番地に効きます。

理解系トレーニング4

収納ルールを変えてみる

片づけが苦手な場合、ものをしまうのにも、ルールなしに乱雑にしまっている人も多いと思いますが、この方法は、ある程度のルールを自分なりにもっている人に、ぜひ試してもらいたいトレーニングです。

例えばキッチンの引き出しにしまってあるレジ袋。大・中・小と、大きさごとに分けていたのを、透明・白・その他というように色で分けたりと、ルールを変更してみるのです。ずっと同じ決まりで片づけていたら、それはそれでラクなのですが、脳には刺激が与えられません。

洋服であれば、アイテム別・色別だったのを、素材別や季節別に分けたりしてみましょう。**ルールを変えるには、しまう場所の広さや対象物の特徴などを、あらためて認識しなくてはなりません。そのとき、理解系脳番地が働くのです。**

理解系トレーニング５

趣味や立場が違う人とつきあう

以上のトレーニング例から、理解系脳番地を成長させるには、マンネリな状況でなく、常に新しいことをして、〝理解する〟経験をたくさん積むことが必要ということが、おわかりいただけたと思います。

すなわち、**「旺盛な好奇心をなくさずに生活すること」がポイント**だといえます。

とはいえ「好奇心をもて」といわれても、子どもとは違って、人生経験を積み自分なりの価値観が備わってきていれば、今さら難しいと感じる人もいるでしょう。

では、好奇心をもつにはどうしたらいいのでしょうか。

それは、**自分とは価値観の違う人とつきあう**ことです。趣味や立場が違う人でもいいでしょう。多くの人は年齢を重ねるごとに「自分と意見が同じ人」「自分と趣味が合う人」としかつきあわなくなり、「価値観の違う人」との対話を避けようとします。面倒くさいからです。

しかし、意見や趣味の違う人との対話こそ、理解系脳番地を鍛える絶好のチャンスです。

「へーそうなんだ」「なんでこの人はこう考えるのだろう？」と、自分とは違う未知の言動に対して不思議に思う気持ちが湧き出ます。これこそ好奇心です。同じような立場、似たような環境の人とだけつきあっていたら、そうした「なぜ？」は生まれません。

片づけについても、知らない間に自分の片づけのクセ、マイルールが身についているかもしれませんが、趣味が違う人と話をすることで、自分には考えもつかなかった片づけのヒントをもらえたりするかもしれません。

「私はこうだから」「こう決めているから」と凝り固まるのではなく、**さまざまな人、情報と接することが理解系脳番地を育てる**のです。

column

知り合いの血液型を占ってみよう

あなたは占い好きですか？　人から占ってもらったことはあっても、自分から占ったことがあるという人はそれほどいないかもしれません。

じつは、この「占いをする」ことは、理解系脳番地とかかわりがあります。血液型占いでも動物占いでもなんでもいいのですが、占いをするということは、相手を「キャラづけ」するということであり、それには相手を理解しようとすることが必要だからです。

相手の話を聞いたり、表情を観察したりして、その人の人物像に関する情報をどんどん集めて増やしてみましょう。そうやって、「Ｂ型っぽいよね」などと当てずっぽうでもイメージをつくります。この血液型のイメージづくりが理解系脳番地を刺激するのです。

片づけができない人の傾向は、情報が多すぎてわからなくなることです。しかし、複数の情報をひとくくりにまとめてみることで、理解系脳番地が強化されます。ですから「キャラづけ」は理解系のトレーニングにぴったりなのです。

3 運動系脳番地

動きが遅くなっていませんか？

こんな症状があったら、「運動系」が衰えているのかも？

□散らかっていても、すぐにからだが動かない
□粗大ゴミを捨てるのが面倒
□部屋のゴミ箱がいっぱいにならないと捨てない
□ものを食べるときは、片方の歯で噛むクセがある
□家の鍵や財布を所定の場所に置かない
□何をするにも「面倒くさい」と感じてしまう
□1週間のうち外出するのは3日かそれ以下
□座り仕事が多い

□人としっかり目を合わせることが少ない
□道端のポイ捨てタバコが気にならない
□1日7時間以上の睡眠をとっていない

「運動系」が弱っていると、行動が鈍くなる

運動系脳番地は、からだを動かすときにさまざまな指令を出す脳番地です。料理や荷物を持つときに使う「手」**（上半身）**、歩く、走るのに必要な「足」**（下半身）**、さらに「目」を動かしたり、話したり歌ったりするときに使う「口」と「顔」の表情筋**（頭のパーツ）**の**3分野に分けられます。**

片づけるためには、ものを取り出したり、家具を移動したり、ゴミ捨て場まで捨てに行ったりと、からだを動かすことが伴いますから、片づけに直結する脳番地です。この脳番地が衰えていると、からだを動かすのがおっくうになってしまうので、片づけも「面倒くさい」となってしまいます。

脳全体の中で最初に成長を始める運動系脳番地は、他の脳番地と密接にかかわっています。からだを動かすためには、見たり、聞いたり、考えたり、ということが伴わないと、ちゃんと動かすことはできないからです。

例えばテニスでは、「手」や「足」を使って打ち返すには、「目」でしっかりボールを見ることが欠かせません。運動系と視覚系の脳番地を使うということです。料理をするときは、理解系脳番地を使って〝次の手順〟を考えて、手を動かします。

このように他の脳番地とかかわりが深いため、**運動系脳番地を鍛えることで、他の脳番地も鍛えられる**といえます。

運動系脳番地を強くするには、もちろん運動をしてからだを鍛えることが効果的ですが、わざわざジムに行ったりしなくても、料理や掃除など日常生活でいくらでも養うことができます。むしろ、生活の中でふだんしている〝行動〟が、やり方ひとつで、運動系脳番地を強化することにつながるのです。

「面倒くさい」ときこそ、からだを動かそう！

誰にとっても一番「面倒くさい」時間帯は、朝の寝起きです。常々、「面倒くさい」が脳裏からも口からも離れない人は、まず、朝の寝起きから改善してみましょう。睡眠時間が短くて寝不足であればなおさらですが、脳を休めた後に、もう一度覚醒させるためには、ある程度の時間が必要です。**脳全体がまだ目覚めてないときに、もっとも面倒くさがるのは運動系脳番地です。**寝ていても「起きなさい！」という家人の声や目覚まし時計は聞こえます。しかし、布団のぬくもりの中にまだいたいと思うのは、運動系脳番地が十分に覚醒していないために起こるのです。

理想は、朝起きると決めたら、素早く起きてテキパキと行動することですが、それが難しいという人のために、簡単な方法をご紹介します。

布団のそばにチラシや新聞紙を2枚用意しておきます。朝、目が覚めたら目覚ましを止め、まずは、左右の手にそれぞれチラシを持ち、同時に丸めてください。右手は左脳を覚醒させ、左手は、右脳を覚醒させます。

次に、丸めた2つのチラシで「**寝起きお手玉**」をやってみましょう。さらに、「1・2・3、1・2・3」と声を出しながら、リズムよくお手玉をします。

続いて、立ち上がり、足踏みしながら「1・2・3、1・2・3」とお手玉をします。できるようになったら、逆回しにもチャレンジしてみましょう。

これで頭の部分、上半身、下半身を動かす左右の運動系脳番地をまんべんなく活性化させることができます。これを続けることで、朝の「面倒くさい」が解消されるでしょう。

この後に、ラジオ体操をしたり、朝の散歩に出かけたりするのも効果的です。

1
2
3
1
2
3
1·2·3
1·2·3

運動系トレーニング1

いつもより歩幅を広げてスタスタ歩く

運動系脳番地を鍛えるために、ふだんからできることは、第一に歩くことです。「歩く」という行為については、無意識に歩いている人がほとんどでしょうが、それをいつもより歩幅を広げて歩くようにしたり、スピードを少し早めたりします。それだけで運動系脳番地は鍛えられます。

階段の上り下りも同じです。最近は駅やビルの中などで階段を使っている人は少なく、ほとんどの人がエスカレーターに乗っていますが、この機会に**階段を使う**ようにしてみましょう。

そして、できれば1段飛ばしで上ってみましょう。長蛇の列になりがちなエスカレーターをぼーっと待っているよりも、運動系脳番地が刺激されるうえ、時間の節約にもなります。

駅の構内など**人混みで他人にぶつからないように歩く**のも、運動系脳番地を鍛えることにつながります。これは他人との距離感を把握する視覚的な感覚も必要になるので、視覚系脳番地にも効きます。

バスやタクシーを使わず、歩ける距離はなるべく歩くようにすれば、運動系脳番地は強化されます。

最寄り駅の一駅手前で降りて歩くのもおすすめです。これはなかなかの運動量になり、躊躇《ちゅうちょ》してしまうかもしれませんが、これまで電車で素通りしていた町を歩くことで、おしゃれなカフェなど新しい店を発見できるかもしれません。

そうなれば、「もっと面白い店があるかも」と、わくわくする気持ちになるため、感情系脳番地も刺激されるほか、好奇心をもって歩くようになるので、理解系脳番地の刺激にもなります。

運動系トレーニング2

スマホの使用を控えて、会話を増やす

運動というと、からだを動かすイメージがありますが、先にも述べたとおり、口を動かすのも立派な〝運動〟です。

声を出したり歌ったりするとき、当たり前ですが、口の周りの筋肉が動きますよね。この筋肉を動かすことを「口腔運動」といいます。**口腔運動をしっかり行えば、運動系脳番地の強化につながります。**

会話をすることも口腔運動です。ですから、友人や同僚、家族とＬＩＮＥのメッセージ、ショートメール、チャットなど、スマートフォンで文字のやりとりばかりをしていると、口は動かしていないので、知らず知らずのうちに口腔運動は少なくなり、運動系脳番地も衰えていきます。ひどい場合には、口腔機能低下症になりかねません。

そうならないよう、日常生活ではなるべく人と会話をするようにしましょう。

その意味では**井戸端会議**は、運動系脳番地を強化する絶好の場。おしゃべりは決してムダなことではなく、れっきとした脳番地トレーニングなのです。

強いていえば、小声でもごもご話すのではなく、口を大きく開けてはっきり発音するようにしましょう。

ちなみに、**スマホで動画を30分以上見ていたら、眼球がほとんど動きません。**

視覚系の項でもお伝えしましたが、小さい画面で動画を見すぎると、目を左右に動かすのもおっくうになり、目を動かさない脳になっていきます。これは、近視や目の調節障害になりやすいだけでなく、**目の運動不足**になるので、注意しなければなりません。

運動系トレーニング3

模様替えをしてみる

一向に片づかないわが家に嫌気がさしてしまっているあなた。そんなときは、思い切って部屋の模様替えをしてみましょう。

「片づけよう」なんて思わなくていいのです。

片づけを意識しないで「気分転換してみよう」という気軽なノリで始めてみてください。

模様替えをするには、あれこれ考えてプランを頭の中で思い描くので、思考系脳番地も鍛えられます。

さらには「まず、どこを変えようか」と、部屋を見回さなくてはなりません。

すると「あそこにチェストがあったらいいな」「観葉植物を置いてみたらどうだろ

ます。

う」などと想像が膨らみます。こうしたことは、視覚系の脳活動を促すことにもなり

その過程で「これはじゃまだな。要らないな」と、片づけができたらしめたもの。

そして何より、模様替えをする際には、実際にものを動かさなくてはなりません。ソファなど大型家具の場合もあるでしょうし、右端に飾ってあった写真立てを、左端に置いてみる程度かもしれません。

いずれの行動も、手や足を動かさなければできないことです。つまり、立派な運動系脳番地のトレーニングになるのです。

運動系トレーニング4

利き手と反対の手でテーブルを拭いてみる

人の行動というのは、生活しているうちに、パターン化するものです。例えば、朝起きてすぐにスマホをチェックして、顔を洗って食事の用意をして、後片づけをしてから着替えて出勤する。また、起きたらすぐに朝食の用意と自分の身支度も済ませてから、子どもを起こしてご飯を食べさせ、保育園につれていく……。

人の数だけパターンがあり、パターン化することで、考えなくても自然にからだが動くので、効率はいいはずです。しかしそうなると、同じ動きばかりを繰り返すことになってしまいます。

ここに落とし穴があります。

行動が同じなので、動かす筋肉も同じになってしまう。つまり、使っていない筋肉は「自分にはもう役目はない」と、どんどん衰弱していってしまいます。筋肉を動かす指令を出しているのは、運動系脳番地ですから、すなわち、ここも衰えていきます。

逆にいえば、**からだの中でふだんあまり使っていないところを動かすことで、運動系脳番地は刺激されます。**

そこで提案したいのが、利き手と逆の手でテーブルを拭くこと。右利きの人は左手に、左利きの人は右手に台ふきんをもって、テーブルを拭いてみてください。簡単なようですが、これが意外に難しいことがわかります。

ほかにも、スープを注ぐときやアイロンをかけるときに、利き手でない手を使うなど、日常の家事の中で試してみてください。

運動系トレーニング5

床に落ちているものを数えながら拾う

部屋が片づかない理由の1つに、「床にものが散乱している」ことがあります。帰宅したら、つい、バッグを玄関に置きっ放しにしたり、着替えて脱いだ服を床に放置したり。あるいは、なぜか複数のスリッパが、各部屋に置かれていたり、子どものプリントが床に舞い落ちていたり……。何が入っているのかよくわからない紙袋やレジ袋が放置されていることもあったりしませんか？

そんな状態のときこそ、運動系脳番地を鍛えるチャンスです。

家族と一緒に「**宝もの拾い競争**」をしてみましょう。

床に散らかっているあらゆるものを〝宝もの〟に見立てて、それを何個拾うことができるか競争するのです。そのとき、数えながら拾うのがコツです。小さいお子さんと一緒にやれば、ゲーム感覚で楽しめます。しかも、とりあえず床だけは、スッキリ片づきます。

「拾う」という行為は、腰を「かがめて」ものを「つかむ」行為で、意外とからだを使うので、それだけ運動系脳番地も鍛えられるのです。このとき、利き手と反対の手で拾えば、より効果的です。

運動系トレーニング6

歌いながら作業する

話す相手がいないとき、一人でもできるのが、歌を歌うこと。単に歌うだけでなく、料理をしたり片づけをしたり、手を動かしながら歌ってみましょう。

運動系脳番地はからだを動かすために、各部位にさまざまな指令を出しています。歌うための「口」と、料理や片づけをするための「手」を、連動させて動かすよう指令を出しているわけです。これはとても高度な指令で、運動系脳番地を十分刺激することになります。また、**歌いながら何かをするということは、2つのことを同時進行させることでもあり、思考系脳番地も刺激します。**

顔の筋肉を動かすという点では、**「笑うこと」もおすすめです。**口の周りの筋肉だけでなく、顔全体の筋肉が刺激されます。笑う門には福来たる、ではありませんが、笑いは脳番地トレーニングになるということを覚えておいてください。

column

“手書き”で片づけのスイッチを入れよう

片づけのスイッチを入れる効果的な方法は、“手書き”することです。これからやるべきことをまず、文字に書き起こすのです。

やるべきことが頭に浮かんだら、単語でいいので、適当な紙に書き出します。例えば、ゴミ出し、掃除、茶わん洗い、棚の整理などです。

それから書き出したことに、順序をつけます。まず、一番を決めましょう。「今、すぐにできること」を一番にします。「1　ゴミ出し」という感じです。一番を決めたら、すぐに一番の項目に取りかかりましょう。

一番をやり終えたら、もう一度、紙を見直します。そして、「1　ゴミ出し」に思い切り線を引きます。

次に残った中で一番を決めます。そして、その一番をやり終えて同じように紙を見直して、消していく……という作業を繰り返せば、自然と片づけが進んでいきます。

このように、紙をベースにした「手書きスイッチ」の習慣を獲得できれば、優先順位をつけてすぐに行動できるようになります。

4 思考系脳番地

すぐ実行に移していますか？

こんな症状があったら、「思考系」が衰えているのかも？

□ DMを整理しないまま、たまってしまっている
□ 片づけの本や雑誌を見てもうまくいかない
□ ほかのことをしていて片づける時間がない
□ いるものといらないものを分別するのが下手
□ 試供品がどんどんたまってしまう
□ ああでもない、こうでもないと、頭の中で言い訳めいたことがぐるぐる回る
□ 食べ終わった目の前の食器をすぐに片づけない
□ やることが多いとやる気がなくなる

□行動より先に口が出てしまいがち
□中途半端な片づけになりやすい

「思考系」が弱い人は、優柔不断

片づけは、まず最初に「いるもの」と「いらないもの」を分けることから始めるのが王道とされています。

つまり片づけるときに、自分にとって「何がいるもの」で、「何がいらないもの」なのか、考えて判断できなければそこから先に進みません。

例えば、「よし！ 今日こそはクローゼットの中を片づけよう！」と思って片づけ始めたとします。でも、Tシャツ1枚とっても、捨てるべきか、とっておくべきか、延々と悩んでしまう……。

悩んでしまうのは、「このスカートはキツイからもういらない。でも、やせたらはけるかも」「このブラウスは流行遅れだから処分しよう。でも、また流行が戻ってくるかも」「このワンピースは昔の彼氏からもらったものだからもういらない。でも……」と、思考がぐるぐる頭の中を巡ってしまい、**「いる（とっておく）」のか「いらない（捨てる）」のか、判断がつかない**からです。これは思考系脳番地が衰えているためです。

じつは、思考系脳番地が弱い人は、男性よりも女性のほうに多い傾向があります。女性は、ここぞというときに、自ら進んで決断することを好みません。特に既婚者の場合、夫の言動を待って、夫に最終判断を任せることが多いので（最近は違うかもしれませんが）、思考系脳番地が鍛えられにくいのです。

逆に重要な決断を迫られる立場の人や経営者は、この脳番地が発達しているといえるでしょう。

「片づけたい！」と強い意志をもつほど脳は動き出す

思考系脳番地は、左脳・右脳それぞれの、前頭葉に位置しています。前頭葉はその名の通り、大脳の前方部分にあり、思考や創造力、意欲など高度な機能をつかさどっています。ものを考えたり、何かを計画したり、新しいことに挑戦する意欲が起きたりするのは、思考系脳番地の働きによるものです。

そして、やるべきことを見つけたり、挑戦したりするには、選ぶ力や判断力が必要です。つまり、思考系脳番地が弱っていると、選ぶ力に欠け、判断力がにぶってしまいます。

「片づけたいのになかなかできない」という人は、そこまで強い意志をもって「片づけたい」と思っていないのかもしれません。それで、片づけに対する選ぶ力が欠けてしまって、まず何をするかを選べないので、片づけが進まないのです。

このように、**思考系脳番地は〝判断力〟と結びついていますから、〝判断する機会〟を意識してつくることで鍛えることができます。**

また、思考系脳番地は、五感（視覚、聴覚、嗅覚、味覚、触覚）をつかさどる脳番地とも深いつながりがあるので、**脳の司令塔のような役割**を果たします。

例えば「片づけたい」と強い意志をもっている人ほど、思考系脳番地はそれを実現するために、記憶系、理解系、聴覚系、視覚系の脳番地に向けて「この目的を達成するために、必要な情報を取りに行きなさい」と、明確に指示を出します。具体的な指示が与えられれば、いい情報が集められ、目的達成に近づくことができます。

睡眠不足だとしっかり働かない！

右脳側にある思考系脳番地は、映像や図形の感想など、明確な答えがない場合に使われる傾向にあります。この部分が弱くてあまり働かず、左脳のほうが強く働きすぎると、物事を既存のフレームワークに当てはめて考えようとする傾向が強くなり、こだわりが強くて融通がきかなくなる可能性があります。

片づけに対しても、「こうでなければ」とこだわりすぎるあまり、その通りにならなければ嫌気がさして、片づけを中断してしまいがちです。

一方、左脳側にある思考系脳番地は、具体的で正確な答えを出す必要があるときに働きます。左脳側が弱くて、右脳側が強すぎると、思考があいまいで、答えをはっきり出せず、優柔不断になる傾向にあります。

冒頭の「あれこれ悩んでしまい片づけられない」人は、まさにこのタイプといえるでしょう。思考系脳番地がしっかり働かないと、決断することはできないのです。

ただ、思考系脳番地は、**ほかの脳番地に比べ、年を重ねても成長し続けます。**地道に日々少しずつでも、鍛え続けることをおすすめします。

大事なのは、思考系脳番地は**覚醒が弱いと働かない**、つまり、しっかり睡眠をとらないといけないということです。できれば午後10時、遅くても午後11時までに寝るようにしましょう。そうでないと、翌日、頭がぼーっとして、考えることもできませんし、睡眠不足だと、何ごともやる気がなくなります。

思考系トレーニング1

メニューを選ぶとき悩まず瞬時に決める

思考系脳番地は判断力と結びついていますから、判断する機会を意識してつくることが、トレーニングになります。

〝判断する機会〟とは、例えば、外食時にメニューを選ぶとき。このときに悩まずに「瞬時に決める」訓練をするのです。

イタリアンレストランに入ったら、「魚介のパスタにしようか。それとも本日のおすすめパスタがいいかな。でも定番のカルボナーラも捨てがたい」などと、パスタ1つ選ぶにもダラダラ悩むのではなく、パッと決めるよう、意識してみてください。

意識して繰り返すことで、習慣がつき、判断力がアップするはずです。

思考系トレーニング２

いつもと違う順番で掃除をする

片づけが苦手な人でも、必要最低限の掃除はしているでしょう。

そのとき、例えば、掃除機を出して、リビングから始め、キッチン、洗面所、トイレ、子ども部屋……と、自然と自分のルーティンができあがっていると思います。

そのいつものルーティンを、ちょっと変えてみてください。最初に子ども部屋、トイレ、洗面所、キッチン、最後にリビング、というように、**最初と最後を逆にしてみるのもいいでしょう。**

これまではおそらく自分がやりやすかったから、その順番で掃除機をかけていたのかもしれません。考えなくてもできるので、ラクといえばラクなのですが、それでは思考系脳番地は働きません。いつもと違う順番で掃除機をかけることが有効です。案外そのほうがやりやすかったり、効率がよくなったりすることもあります。

思考系トレーニング3

今日1日の目標を20字で書く

「今日1日の目標を20字で書く」のもおすすめです。

その日の目標を立てるときには、「今日やらなきゃいけない仕事は何だっけ」「どんな約束があったっけ」と、1日の予定を確認し、それぞれを滞りなく行うためにどう動けばいいか考えたり、前日の出来事を振り返って反省したりして、それらを踏まえたうえで設定します。

つまり自分の行動に思いを巡らすことにつながります。

1日のスケジュールを確認するのは、理解系脳番地を鍛えることにもなります。複数のやるべきこと・やりたいことを組み合わせながら、1本の線につなげるには、そこにかかわるさまざまな要素を整理していく必要があるからです。

予定がいっぱい詰まっていて、やることが多くなりそうであれば「時間をムダにしない」、昨日は子どもを叱りすぎてしまったなと思えば「子どもを叱らない」という程度でいいでしょう。

さらに、その**目標を意識して1日を過ごせば、常に思考系脳番地を働かせていることになります。**

また、〝20文字〟と、字数制限があることもポイントです。短い文章をつくるには、必要なことを端的に表すための文字を取捨選択しなくてはなりません。短歌や俳句をつくるのと似ていますが、言葉を吟味するため判断力を鍛えることができます。

思考系トレーニング4

時間を決めて買い物をする

女性はショッピングが大好きですよね。買う目的がはっきりしなくても、ぶらぶらと店を巡っているだけでも楽しいという女性は多いと思います。

そうしたウインドーショッピングもいいのですが、**思考系脳番地を鍛えるためには、いつもと違った買い方を試してみることが有効です。**

例えば時間を決めて買い物をすることです。特に洋服を買うときは、デパートなどの各フロアを巡っているうちに、時間があっという間にすぎてしまった、という経験をした人も多いはず。

「30分だけ」「1時間だけ」と自分で決めて、店を回るようにすれば、その時間内でパッと判断するクセがつくようになります。だらだらと、いろんな店を見ているうちに、つい、余計なものを買うこともなくなるかもしれません。

このクセがつくようになれば、片づけのときも時間を決めてできるようになります。「今日は5分だけ、この引き出し1つの中身を片づけよう」と、タイマーをセットして始めてみてください。1日5分、1カ所だけの片づけを10日続ければ、結構片づきますよ。

時間を意識することで集中して取りかかることができるので、仕事にもプラスになるはずです。

ただし、先にも述べましたが、理解系脳番地が衰えている人は、時間で区切られてしまうと焦って何をすべきかわからなくなり、混乱してしまうことがあるので要注意です。

思考系トレーニング5

買い物の判断基準をもつ

そもそも買い物は判断力が必要な行為です。特に食料品は、キュウリ1本買うにしても「どれが新鮮そうか」吟味して選びますよね。

そのためには「新鮮そう」な**〝判断基準〟を自分で持っておくことが必要**です。そうでないと、いつまでたっても「このキュウリがいいか。あっちのほうがいいか」売り場で悩み続けてしまうことになります。

キュウリであれば「イボイボがトゲトゲしいもの」「できるだけまっすぐで太いもの」、バナナであれば熟しすぎていないもの、逆にアボカドをすぐに食べたければ柔らかくて十分に熟しているもの、など基準をつくっておけば、それより硬いか・柔らかいか、太いか・細いかなどが判断できます。

ささいなことなので、すでに無意識に実践している人も多いかもしれませんが、より意識して行うことで、思考系脳番地のトレーニングになります。

各商品の購入許容金額を決めて買い物に行くのもいいでしょう。そのとき単に「安いもの」と決めるのではなく、具体的な金額で、「卵1パック税込みで200円以内」というように決めます。具体的な基準であればあるほど、判断は瞬時につけられます。

ただ「安い」を判断基準にしてしまうと、結局高い買い物をしてしまうことがあります。例えば、ブラウス購入の予算を5000円と考えていたのに、デパートに行ったら「3割引」の赤札が目についてしまった。元の値段は2万円だけど、「3割引」で「安くなっているから」と購入してしまった。この場合、1万4000円で買ったことになり、結果的には9000円予算オーバーです。9000円もムダ遣いをしていることになります。

ムダ遣いをする人は、判断力に欠ける、すなわち思考系脳番地が弱いといえそうです。

思考系トレーニング6

ものを処分する基準をつくる

買い物の判断基準をもつのと同様に、「処分する基準」を持つことも思考系脳番地のトレーニングになります。

処分すべきものは人によってさまざまでしょうが、その筆頭は**洋服**です。タンスやクローゼットにある古いワンピースやブラウス、流行遅れだけど高価だったスーツなどを整理する際に、自分で「処分する基準」をつくりましょう。

例えば、「2年以上着ていない服」「ブラウスは1週間分の7着まで」といったものです。女性は特に「もったいない」という意識が働くため、サイズが合わなくなった服でも「やせたら着られるかも」、流行遅れの服でも「また流行るかも」と考えて、いつまでもクローゼットに眠ってしまうことが多いようです。しかしそれこそ、収納スペースが「もったいない」と思いませんか？ ここは、しっかり基準をつくって決断しましょう。

手紙や年賀状も処分に悩む代表格です。特に好きだった人、親しかった人などからの手紙は思い出が詰まりすぎていてなかなか処分できないものです。しかし、だからこそ厳選するべきです。

例えば「ファイル1冊に収納できる分だけ」「手紙やはがきは1年に10通まで」と基準を決めましょう。もっとも最近はメールに取って代わられているので、パソコンやスマートフォンの中身を片づける必要があるかもしれません。ただ、紙でもデジタルデータでもキモは同じ。半年に1回など期間を決めて中身を整理していくと、おのずと思考もクリアになります。

本や雑誌も、ついたまってしまいがちです。これらは毎年年末に整理してみると、その年の自分の興味や嗜好があらためてわかり、なかなか興味深いものです。雑誌は必要なページを切り取って後は処分、本はリサイクルや図書館に寄付するなどしていけば、気分的にもスッキリします。

そのほか、**食器**も女性にとって片づけに悩むものの定番ですが、これも同じく、「器は家族人数分プラス1枚」「お客さま用の食器は用意しない」など、マイルールを決めておきましょう。

もう1つ、お子さんがいる家庭では、**子どもの作品**も片づけの悩みどころですよね。じつは私も引っ越しの際に整理していたら息子の作品が出てきて「懐かしいなあ」なんて感慨にふけったことがあります。これらはかさばることが多いので、「写真に収める」「収納箱を1つ用意してその中に入るだけにする」などと決めておくといいでしょう。成人式や結婚式に、それらを当人に渡せば、ちょっとしたサプライズにもなります。

要は、いずれのものも、「処分する基準」をしっかり決めておくことです。

〝基準〟そのものをつくること自体も自分の思考を鍛えることになりますし、その

基準にしたがって瞬時に〝判断〟する習慣をつけていけば、思考系脳番地はしっかり成長していきます。

思考系トレーニング7

暮らしのシミュレーションをしてみる

将来のビジョンをもち、その実現のために、他の脳番地に指令を出すのも思考系脳番地の役割です。ですからこの脳番地が強い人には、「自分はこうありたい」という強い意志があります。

〝ビジョンの実現〟というと、おおげさに聞こえますが、「どんな暮らしをしたいか」「どんな家に住みたいか」「子どもは何人ほしいか」と、自分の将来を思い描くことはあるでしょう。それが、ビジョンです。簡単にいえば「どうしたいか」ということです。

その**「どうしたいか」を考えるとき、漠然と考えるのではなく、できるだけ具体的に考える**、明確に暮らしのシミュレーションをしてみると、思考系脳番地が刺激されます。

「今30歳で彼氏はいないけど、２年以内に彼氏を見つけて、つきあって１年で結婚して、実家のそばに暮らして、子どもは２人つくりたい」

「35歳までに外資系企業に転職して、海外で働く。その後は現地で起業したい」

「40歳になったら子どもも手がかからなくなるから、パートを始めよう。趣味のガーデニングを活かせる仕事がいいな。それまでに勉強もしておこう」

「45歳までにはマイホームを持ちたいから、もう少しがんばって働き続けよう」

「50歳になったら、仕事は減らして、好きな絵を学びに学校に行こう。同級生と一緒に旅行もしたいな」

「60歳になったら、子どもも独り立ちするし、憧れの田舎暮らしをしてみよう。実家に戻ってもいいかもしれないな」

　など、要素をきちんと頭で整理して並べていきます。

「そんなに先のことを具体的に考えられない」という人は、例えば「今年旅行したい場所」を３カ所挙げてみるのもいいでしょう。

　将来のビジョンだけでなく、短期的な活動においても**曖昧にせずに、具体化することが思考系脳番地のトレーニングになります。**

思考系トレーニング8

財布からお金を出さない日をつくる

思考系脳番地は、意思決定にも関係し、ある行動について「これはやってもいい」「これはやらないほうがいい」という判断をしています。

逆にいえば、**この脳番地が弱ってくると、正確な判断ができません。**「やってもいい」こともそう判断できずに「やらない」となることもありますが、「やらないほうがいい」ことを「やってしまう」こともあります。

「やらないほうがいい」というのは、自分を制御する、つまり自分にブレーキをかけるということです。「罪悪感がある」というのは、思考系脳番地が働いている証拠です。

けれども、人間はときに**「やらないほうがいい」と思っているのに「やってしまう」**ことがあります。

例えば、夜12時をすぎているのに、どうしても甘いものが食べたくなり、ついコンビニに走ってしまったり、１００円ショップでは必要なもの以外は買わないと決めていたのに、つい余計なものを買ってしまったり。

そうした傾向のある人は、思考系脳番地が弱まっているといえます。

この場合、提案したいトレーニングが「財布からお金を出さない日をつくる」こと。もちろんカードも使ってはいけません。

「お金を一切使わない」という〝制限〟を、自分に与えるのです。これまでは「ま、いっか」と**気軽に使っていたお金を〝我慢〟することで、思考系脳番地が鍛えられます。**自分にブレーキをかけるわけです。

買い物ができず、冷蔵庫に残り物の食材しかなくても、むしろ、残ったものをどう料理するかということで、理解系脳番地も合わせて鍛えられます。

「週に1日は財布からお金を出さない」と決めて続ければ、ムダ遣いも減り、貯金が増える楽しみもできます。何よりムダなものがたまらなくなるので、「片づかない」が減ります。

思考系トレーニング9

料理をつくりながら後片づけも同時に終わらせる

思考系脳番地は、**2つのことを同時にやることでも強化されます。**その典型例が料理です。同時進行で複数の料理をつくることで、思考系脳番地を鍛えます。

家族のためによく料理をつくっている人なら、一定の時間内に同時進行で料理を2～3品つくるなんていうことは、日常的にやっていることですよね。

そこにさらに「後片づけ」を加えてみてください。フライパンや鍋、ボウルやざる、包丁やまな板など、調理に使った器具・用具を、使い終えたらすぐに洗って片づけるのです。料理とはまた違った手順になるので、**新たな「同時進行」が加わり、さらに刺激が加わります。**

脳番地トレーニングになるばかりでなく、食べるときには流しや調理台はスッキリ！　しかも後片づけがラクになり、精神衛生的にもメリットは大きいでしょう。

column

マッサージで脳をリラックスさせよう

「片づけなくちゃ」とずっと気になっているあなた、肩がこっていたり、足がパンパンになっていたりしていませんか？

じつは、「片づけなきゃ」と気にしていること自体、すでに思考系脳番地を使っていることになります。もちろん思考系を使うこと自体は悪いことではありませんが、ずっと考えていると、脳に負担がかかってしまいます。

しかも、あること（ここでは片づけ）が気になっていると、ほかのことに集中することができません。それでまた脳が疲れ、ストレスになってしまいます。

そうなると、自分では気づかないかもしれませんが、いつの間にか足がパンパンに張っていることがあります。意識はしていなくても、からだに出てしまうのです。

そんなときは、足をマッサージして張りを緩めましょう。そうすることで、思考系脳番地もリラックスします。からだが柔らかくなって、ラクになると、思考系脳番地もラクになり、ストレスが消えるのです。

からだをリラックスさせれば、脳もリラックスして、やるべきことに集中しやすくなります。

5 記憶系脳番地

記憶力に自信はありますか？

こんな症状があったら、「記憶系」が衰えているのかも？

□元どおりに片づけることができない（元にあった場所に片づけられない）
□何か1つ片づけた後、次にどうしたらいいかわからなくなる
□冷蔵庫に同じような食材がある
□賞味期限切れに気づかない
□同じものをたくさんストックしている
□収納グッズが増えていく
□漢字を書こうとしたとき、一瞬思い出せない
□出かけるときは人を待たせることが多い

□決めたことを毎日コツコツ続けられない
□ついつい言い訳する常習犯

「記憶系」が弱い人は、〝前の状態〟を覚えていない

片づけの極意として、よく「ものの〝住所〟を決め、使ったらその場所に戻す」が挙げられます。「決まった場所に戻す」「元の状態に戻しておく」。これができれば片づく、というわけです。

しかし、そのためには〝決まった場所〟や〝元の状態〟を覚えておく必要があります。逆にいえば、それを覚えていないと、片づけることができません。

ものを元の場所に戻さなかったり、出しっ放しにしたりするのは、「わざわざ、そこまで戻って片づけるのが面倒だから」と考えがちです。

たしかに、からだを動かして「そこまで戻る」ことが面倒な場合もあり、その場合は、運動系脳番地が弱っているといえます。しかし、じつは頭を使うことを面倒に感

じているため、戻すことができないということもあります。

つまり、**頭（記憶力）を使って〝前の状態〟を思い出すことを、おっくうに感じているわけです。**

このような人は、記憶系脳番地を鍛える必要があります。

子どもや夫に「片づけて！」と言っても、なかなか片づけてくれない、と嘆く女性も多いと思います。それは、子どもや夫が「動くのが面倒」なのではなく、〝元の場所〟や〝元の状態〟を覚えていないからかもしれません。

また、**1カ所の片づけはできても、次に何をしたらいいかわからない、という人も記憶系脳番地が弱い**といえます。1つの方法を覚えて集中している間に、すっかり次にやることが頭から抜けてしまうのです。これは、記憶力が持続しないサインです。後から人に言われて、「そうそう」とか、「やらないつもりなんかなかったけど」などと言い訳する常習犯になりやすいのも特徴です。

待ち合わせに遅れて、いつも相手を待たせてしまう人も記憶力が弱い場合があります。記憶系脳番地が弱ってくると、時間を意識しなくなったり、今日が何月何日かも気がつかなくなったりするので注意が必要です。

冷凍食品を買ってきて、冷凍庫にしまおうと思ったら、全く同じ商品が入っていたり、気づいたら洗剤や歯ブラシなど日用品のストックがたくさんあったりする人も、記憶系脳番地を鍛えたほうがよさそうです。買い物をするときに、「これは家にまだあるな」という記憶が頭に残っていないから、また同じものを買ってしまうのです。

家の中に「何が、どこに、どれくらいあるか」を常に把握していれば、余分なものは買わず、「ものがたくさんあって片づかない！」と、悲鳴を上げずにすみます。

スマホのやりすぎで記憶力低下に？

記憶力は使わないと弱まる一方です。わかりやすい例が、スマートフォンやパソコンの利用で、手書きする機会が減ったため、文字を忘れてしまうケースです。小中学生のときに習った簡単な漢字でも、「どんな字だったっけ？」となってしまうのは、それだけ手書きする機会が減ってきているということでしょう。

逆にいえば、**記憶力を維持するには「さまざまなことを、何度も繰り返して思い出す」こと**が有効です。

ただ、やみくもに覚えようとしても、すぐに忘れてしまいがちです。**これまでの自分の知識や率直に感じた気持ちなどの感情と連動させると、しっかり覚えることができます。**

例えば、「ハワイの有名レストランのディナーは〇〇ドルだった。新婚旅行で行ったから忘れられない」というように、「楽しかった」新婚旅行と結びつければより記憶にはっきりと残ります。

また〝思い出す〟こととは反対に、**新しいことをして、新しいことを覚えるのも、記憶系脳番地を刺激します。**習い事を始めたり、やりたかった勉強をスタートしたりするなど、思い切ってチャレンジしてみましょう。

記憶系トレーニング1

撮影した写真や動画の取捨選択をする

記憶力は、何度も繰り返して覚えようとすれば鍛えられますが、その繰り返しをやめてしまえば衰える一方です。

昔の友人の名前を忘れたり、かつて観た映画のタイトルが出てこなかったりするのも、記憶力の衰えによるものです。

当時は、脳内にその友人の名前が記憶された場所に、何度もアクセスしていたので忘れることはなかったのですが、時が経ち、その友人と疎遠になってしまうと、思い出そうとしても記憶場所までなかなかたどり着かず、「何だっけ？」となってしまうのです。

その記憶を取り戻すには、再び頻繁に記憶をたどっていくしかありません。

記憶をたどり、**記憶系脳番地を鍛えながら、片づけもできてしまう最良の方法が、アルバムの作成です。**

アルバムは、自分自身のこれまで生きてきたプロセスの集大成であり、アルバムを見ることで、過去の出来事が順を追って思い出されます。「なつかしい」という感情が生まれてくれれば、感情系脳番地を刺激することにもなります。

ただ、アルバムは過去を眺めるだけでなく、**現在進行形で、増やしていくことに意味があります。**

最近は、デジカメやスマートフォンで撮ってばかりで、プリントしない人が増え、アルバムづくりをする人はあまりいないかもしれません。しかし、膨大な写真データから、当時を思い出しながら「このカットがいいな」と選んで、プリントしてアルバムをつくる作業をすることは、片づけ脳になるためには、とてもいい刺激になります。

〝残したいもの〟を選ぶことができない場合は、先に〝捨ててもいいもの〟からどんどん捨ててください。そうすると、残したいものが脳裏に印象づけられ記憶に残ります。

あなたにお子さんがいたら、しっかりアルバムづくりをしてあげることをおすすめします。子どもは、当たり前ですが、自分が小さいころにどうだったかを覚えていません。子どもに小さいころのことを伝えるのは、親の一番の役割なのです。

成長して**自分の子ども時代の、ストーリー性をもったアルバムを見ることで**、自分のアイデンティティを認識するようになりますし、何より**記憶系脳番地を鍛える**有効なツールになりえます。

記憶系トレーニング2

毎日、決まった時間に決まった行動をする

記憶系脳番地は、時間を気にしたり、毎日時間通りに行動したりすることで成長します。ですから、いま、自分は1日の時間の中でどのあたりにいて、時計の針は何時を指しているのかを意識しながら行動するといいでしょう。

例えば、毎日時間を決めて買い物に行きましょう。複数のスーパーのタイムセールの時間や開催日を記憶しておいて、スーパー巡りをすれば、記憶系脳番地が鍛えられるうえ、家計にやさしい買い物ができるようになります。時間になると、30％引から半額セールに切りかわるスーパーもありますので、行動する意欲がわいてくると思います。

毎日買い物には行けないという人は、「朝日や夕日を見に行く」でもいいでしょう。

わざわざ見に行けないならば、決まった時間に起きて、朝、カーテンを開けて光を入れるだけでもいいと思います。

まず、「時間を常に意識する」ことが大切なのです。

「決まった日、決まった時間に同じところに行く」という意味では、やはり**習い事**がおすすめです。コストをかけていることもあり、サボったら「もったいない」という意識が働きますから、まさに進んで〝時間通り〟の行動ができます。

ほかにも、夕食の時間を遅らせない、睡眠時間を守る、朝の5分間はトイレと洗面所の掃除をするなど、日々の生活のなかで自分なりに時間のルールを決めれば、記憶力が鍛えられるだけでなく、生活にメリハリも出てきます。

記憶系トレーニング3

タイマーをセットして行動する

時間を気にしなくなり、だらだらと行動していると、記憶系脳番地は衰えます。

働いている人は、勤め先で朝礼や夕礼があったり、ランチタイムが決まっていたりと、時間的な規律の中で仕事をしていますが、家庭では自分自身できちんと時間管理していないと、ズルズルと過ごしてしまいがちです。

そうならないための方法の1つが、タイマーをセットして行動することです。

例えば「3分間でキッチンのコンロ周りと、シンク周りを掃除する」「5分間で子どものプリント類の仕分けをする」「15分でリビングの引き出しの1つを整理する」「30分でクローゼットの中を整理する」などと決めて、タイマーをセットします。すると、「あと5分！」「あと1分だ！」と、タイマーを気にしながら行動するようになります。

ただ、理解系脳番地が衰えている人は、時間制限があると余計に焦って、混乱してしまう可能性があるので、余裕をもって時間を設定しましょう。

この**「時間を設定すること」も記憶力を鍛えることになります。**

記憶系トレーニング4

実現したい理想を〝情報〟として記憶する

夢を実現している人は、まず「こうありたい」と理想を描くことから始めている、といいます。このように明確な将来像を描いて行動することは、記憶系脳番地の成長にも関係します。

片づけにおいても、「こんな部屋に住みたい」「ここをこう片づけたい」と、**自分が理想とする〝片づけ像〟を思い描いて、書き出したり、家族に伝えたりすること**をおすすめします。そうすることで、その**理想像は確固たる〝情報〟となって脳に記憶されます。**

例えば自分が「いいな」と思うインテリア雑誌などのページを切り抜いて壁に貼っておく。そうすれば、しょっちゅうそれを目にするわけですから、その情報が脳に定着します。

情報が脳に定着すると、「理想の部屋に近づくためにはどうすればいいか」を考えて行動することが容易にできるようになります。

雑貨を買うにしても、「これを買ったら、私の部屋はどうなるか」と、脳に蓄積された鮮明なイメージを引き出しながら考え、行動することができるのです。

この「理想を描く」ことは、〝意思決定〟や〝将来ビジョンの策定〟にもつながり、それをつかさどる思考系脳番地も強化されます。また、思考系脳番地で「こうしたい」と強い意志をつくればつくるほど、詳細な情報が集まり、イメージした記憶も引っ張り出され、記憶力が鍛えられるようになります。

記憶系トレーニング5

季節ごとに衣替えをする

かつて多くの家庭で行っていた、衣替え。最近では、衣服の収納はタンスではなく、クローゼットを利用する家庭が増えたため、そこに夏物も冬物も入れてしまうことが多いようです。そうなると、衣服を入れ替える手間がなくなり、ラクではありますが、この衣替えも、記憶系脳番地を強くする片づけの1つ。面倒がらずにやるようにすれば、記憶力強化と片づけが同時に実現できるのです。

なぜなら、季節の変わり目を意識しながら衣服を入れ替えることは、時間の流れを意識することにつながるからです。

「このワンピースは初デートのときに着たな」「このセーターは去年の冬は1回しか着なかったな」と、アルバムを整理するのと同じように、**過去を思い出すので、記憶力を強化することになります。**

そして衣替えのときに、「これはもう着ない」となれば、その服をどう処分するか、リサイクルショップに持ち込むか、人に譲るか、雑巾として拭き掃除に使うか……と、対処方法を考えますよね。これはまた、思考系脳番地を鍛えることにもつながります。

記憶系トレーニング6

間違い探しやトランプの「神経衰弱」をやってみる

記憶力を鍛えているという実感が湧かない人は、新聞や雑誌などに掲載されている2つの絵の「間違い探し」にチャレンジしてみましょう。じつは私は、子ども向けの書籍や雑誌、スポーツ新聞で、間違い探しの監修をしています。

間違い探しで使うのは目ですが、2つの絵を見比べるには、1つの絵を頭の中に記憶して、比較しなければなりません。見比べる2つの絵は、離れているほうがどんどん難しくなります。また、一方の絵が上下逆の場合にも時間がかかります。その理由は、頭の中で1つの絵を記憶していなければならない時間が長くなるからです。

トランプの「神経衰弱」をやるときには、2人よりも5人以上など人数が多いほど順番が回ってこないので、より記憶系脳番地を鍛えることができます。

column

“逆算予定表”で時間を管理してみよう

朝起きたとき、「今日はプレゼンがあるな」「子どもの習い事があるから忙しくなりそうだな」と、今日やらなくてはいけないことを思い浮かべる人も多いと思います。しかし、単に漠然と「〇〇があるな」と思うだけでなく、予定を紙に書き出しましょう。まず今日１日のスケジュールを書くのです。

思考系を鍛えるトレーニングで紹介した「今日１日の目標を20字で書く」と似ていますが、ここでは、“逆算予定表”を作成してみてください。最初に「今日は何時に寝るか」を考えて、「読書」「入浴」「夕食の後片づけ」「夕食」「夕食の準備」「買い物」などやるべき行動・やりたいことの時間を決めて、書き出していきます。それにしたがって行動するように意識すれば、おのずと時間を管理できるようになります。

時間管理ができるかどうかは、片づけ脳になるためだけでなく、仕事でも日常生活でも非常に重要です。まずは、メモでも手帳でも、今日やることを書く習慣をつけるようにしてみましょう。もちろん、片づけのスケジュールを作成するのも、いいトレーニングになります。

6 感情系脳番地

他人任せにしていませんか？

こんな症状があったら、「感情系」が衰えているのかも？

□片づけをやる気にならない
□片づけをしていても楽しいと思えない
□片づけをやり始めてもすぐに気が変わる
□ものを捨てるのが苦手
□最近、ワクワクドキドキすることがない
□大事にしている小物が少ない
□パートナーや家族の顔色を気にしすぎる
□人に誘われて出かけることが少ない

□ついつい独り言を言ってしまう
□家の倉庫や押し入れの雑貨を見ても昔がよみがえってこない

「楽しくない」と感じることが増えたら要注意！

最近、ワクワクしたりときめいたりすること、ありましたか？「ドキドキすることはあまりなくなった」「毎日つまらない」と感じる人は要注意！　感情系脳番地が衰えているサインです。

感情系脳番地は、喜怒哀楽など感情をつかさどる脳番地。一生成長し続け、老化が遅い番地です。とはいえ、**感情が乏しくなったり「毎日の生活が楽しくない」と感じたりするようであれば、成長は滞ってしまう**ので、脳番地を鍛える必要があります。

「片づけは楽しくないからやりたくない」という人はいるかもしれません。しかし、片づけなくても家のものには過去の歴史が詰まっています。その過去の遺産をみても何も感じなくなったら、すでに感情系脳番地が衰えているといえるでしょう。

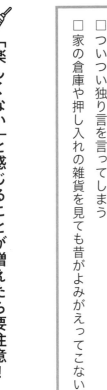

「感情系」が弱いと人の気持ちに共感できない

感情系脳番地にも右脳側と左脳側があります。

右脳側がつかさどっているのが、**「他人の気持ちを感じ取る」**ことです。ここがしっかり働いていると、「目の前の人がどう思っているか」を感じたり、他人の気持ちに共感できたりします。

逆にこの部分が弱ければ、家族が片づけてくれないと、「なんで片づけてくれないの？」と、相手の状況や気持ちを慮《おもんぱか》ることなく、感情的になってしまいます。

「今、彼は疲れているから、すぐに片づけたくないんだな」と、冷静に受け止められるようになるには、感情系脳番地を鍛えなくてはなりません。

また、ここを強化すれば、逆の立場、つまり相手が自分に「片づけてほしい」というときに、その思いを察知できるようになります。そうすることができれば、相手と摩擦を起こすことは少なくなります。

一方、**左脳側**は「**自分はどうしたいか**」、自分の気持ちをつかさどる部分です。ですから「片づけてほしい」「こんな状態では何か息苦しくなる、何とかしなければ」「この程度だったら、まだ片づけなくてもいいんじゃないの」といった感情が起こるのは、主に左脳の感情系の働きによるものです。

また、左脳側の感情系脳番地が強い人は、こだわりが強く、時にそのこだわりが片づけや整理整頓に向かう場合があります。「整理整頓しないと気持ち悪い」「汚いのはイヤだ」というマイナスの感情から、片づけるのです。

自分の感情や感覚に鈍くなっていませんか？

人によっては、公共の場は片づけるけれども、自分のパーソナルスペースになると片づけられない場合もあります。

右脳側の感情系脳番地は、自分以外の外の気持ちに同調するものなので、ここがしっかり機能していれば、片づけないことによって迷惑をかけていることに気づきます。「ここはみんなで使うからきれいに片づけておかなきゃ」と感じるので、公共の場は人に迷惑がかからないように片づけるのです。

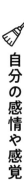

けれども、**自分のスペースであれば、自分が片づけたいと真剣に思わない限り片づけないので、そのままになってしまう**わけです。

まれに、「自分のスペースだけがきれいであればいい」という人もいます。他人のスペースには関与しないというタイプで、自己中心的な人にみられます。

最近は、自分自身の皮膚感覚や感情の変化に鈍感な人が多いように感じます。極端なことをいえば、暑いか寒いかがわからない。自分の身体機能の皮膚感覚がすごく弱いのです。

じつは感情系脳番地は、皮膚感覚を介して感情の変化を引き起こします。この**皮膚感覚が麻痺している状態だと、「汚い」とは思わなくなり、「片づいていない」とも感じない**のです。「こんなものでいいか」と思ってしまうのは、感情系脳番地の衰弱のせいかもしれません。

感情系トレーニング1

生花を活ける

感情系脳番地が弱くなると、「こうなったら楽しいだろうな」と、楽しいこと、わくわくすることを想像することができなくなります。

だから「部屋が片づいたらスッキリして気持ちいいだろうな」「こんなふうに部屋を飾りつけたらきれいだろうな」「ここに緑を置けばホッとするだろうな」といったことがわからず、片づかないままになってしまうのです。そうした感情を思い起こさせるには、**わくわくできそうな環境をつくるように努力することが大事**です。

例えば、生花を買ってきて活けてみるのも1つの方法です。

私はよく、花の咲きそうな鉢植えを買ってきます。そして、その鉢の花がきれいに見えるように周りを整理整頓していきます。美しい花が、美しく見える環境に整えることは、気分も盛り上がり、片づけが意外に苦になりません。

感情系トレーニング2

好きな音楽をかけて片づけをする

感情系脳番地を強化するのに大切なのは、ワクワクドキドキをつくることです。

「楽しい！」と思うことが大事なのです。

それには睡眠不足は大敵です。眠いままだと何のやる気も起こらないからです。しっかり睡眠時間を確保することが、まず必要です。

そうした環境面がクリアされれば、後は自分の気持ちをいかにやる気にさせるか、ということです。

人は楽しければ自然にからだが動いて、「もっとやりたい」となるものです。片づけについても「もっと片づけたい！」と思うような動機をつくるといいでしょう。

手軽なのは、好きな音楽を流しながら片づけをすることです。1曲2、3分程度なら、曲が変わるたびに、場所や対象を変えれば、タイマー代わりにもなります。

私の場合は、掃除するときはＡＢＢＡの『ダンシング・クイーン』やノーランズの『ダンシング・シスター』、倉庫の掃除や荷物を運ぶときは、中島みゆきの『地上の星』をかけています。**リズムに乗ったり歌ったりしながら気持ちに変化をつけると、片づけの進みが良くなりますよ。**

感情系トレーニング3

卒業アルバムから選んで写真を飾る

〝わくわくした気持ち〟は、今は日常の忙しさに紛れてなかなかもてないかもしれません。そんなときは、**子ども時代、青春時代を思い出してみてください。**昔の写真や卒業アルバムを見ると、当時の思い出がなつかしくよみがえってくると思います。

この「なつかしい」という感情は、ストレスを和らげたり、前向きな気持ちにさせたりする力があります。かつてイキイキしていた脳番地を生き返らせてくれるのです。

初めての小学校、初めての恋……自分の過去を振り返ると、ほほえましかったり、気恥ずかしかったりして感情が揺さぶられます。この**感情の揺さぶりこそ、感情系脳番地が活性化するポイント**です。

自分のことを振り返ると同時に、社会の出来事も振り返れば、思考系脳番地も刺激されます。

よく、仲のいいご夫婦が寝室に結婚式のときの写真を飾っていたりします。

私がアメリカに住んでいたとき、ボスの仕事部屋に行くと、乗馬姿の彼や家族の写真が飾ってありました。写真の周囲はだいたい、きれいに整えられています。

同僚の研究室には、ＡＩＲ　ＦＯＲＣＥの写真が飾ってありました。「この写真は何？」と聞くと、「私だよ。以前、空軍のパイロットだったから」と言いました。「空軍から、今は脳科学者か」とびっくりした覚えがあります。おそらく自分にとっての忘れられない思い出の写真を飾っておくことで、今の自分の励みにしているのでしょう。

過去のいい思い出を部屋に飾ると、その周囲もきれいにしたくなるので、部屋が片づくきっかけになります。

感情系トレーニング4

ご当地ものを食べ、四季折々の食材を料理する

旅行をしたり、近くの街を訪れたりしたら、ご当地の食べ物や名産を食してみましょう。

ご当地ものや名産には、長い歴史があり、多くの人々の真心の結晶が詰まっています。そして、その名産には、もろもろのうんちくがあるものです。そのうんちく話をしっかり学ぶと、名産を生み出した人々の苦労ややりがい、そして人柄にも触れることができます。こうしたストーリーは、必然的に感情系が揺さぶられます。

また、自宅にいるときには、四季を意識して、四季折々の食材を見逃さず食べるようにしましょう。環境の変化や社会が便利になったことで、旬がわからなくなっている今だからこそ、旬を食すことで、〝生〟のありがたさ、不思議さをかみしめられるようになります。

このように**感情系脳番地に変化を起こすことで、感性が磨かれると、汚いものや汚れ、雑然とした状態に気づきやすくなります。**

都会を離れると、空気がきれいだと感じますが、それは日々の暮らしの中で、空気が汚れていることも気づかなくなっているということです。

まずは、**部屋のよどんだ空気を入れ換える**ことから始めてみるのもいいかもしれません。

感情系トレーニング5

物まねをする

街を歩いていると、「他人の空似」を体験することはありませんか。あるいは、「あの人は芸能人の誰々に似ているよね」と感じることもあるでしょう。

この**「誰かを見て、今までに出会った人の誰に似ているか」を想像することは、感情系脳番地を鍛えることになります。**想像するためには、その人の性格や個性など人間像を思い浮かべなければならないからです。

さらに、思い浮かべるだけでなく、その人の〝物まね〟までやってみると、より感情系脳番地が強化できます。

人は自分のことはよくわからないものですが、人のまねをすると、「自分は実際、誰に似ているのだろう？」と思いを巡らせるようになります。それにより、**感情を豊かにする**ことができ、感情系脳番地が鍛えられるのです。

column

目につくところに“憧れの部屋”の写真を貼ろう

「片づけは楽しい」と思えない人が「楽しい」と思えるようにするにはどうしたらいいのでしょうか。じつは、片づけられない人は、明確なイメージとともに目標を定めることが苦手な傾向にあります。「こうなりたい」「こうしたい」という気持ちが強く持てない場合は、自分で自分を盛り上げる努力をするしかありません。

そこで、「片づけは楽しい」のではなく、「部屋が片づいていると楽しくなる」というように視点を変えて、取りかかってみてはいかがでしょう。

具体的には、雑誌などで見た“憧れの部屋”の写真を切り抜いて目立つところ、いつも目に入るところに貼っておくことです。憧れは、思考系脳番地を刺激するので、目標達成へのやる気が出てきます。

そう、ダイエットと同じです。「やせたい！」と思って憧れの女優さんの写真を冷蔵庫に貼り、その体型を目標にしたら見事にダイエットに成功した、という人がいるように、イメージを明確にするこの方法は期待できます。

7 聴覚系脳番地

なんとなく聞き流していませんか？

こんな症状があったら、「聴覚系」が衰えているのかも？

□「片づけて」と言われても忘れてしまう
□家族から頻繁に「片づけて」と言われる
□人と話をするとやろうとしたことを忘れる
□電話番が苦手
□テレビを見るとき、つい字幕に頼ってしまう
□調べ物はすべてスマホやパソコン頼み
□最近、新しい歌を覚えられない
□一人暮らしが1年以上続いている

□団体スポーツ、団体活動に参加することがない

聞いたことが頭に残らないから、片づけが進まない

この聴覚系脳番地については、片づけを進めるために自分自身を鍛えるだけでなく、家族や他人に対するトレーニングも必要となってきます。

「片づけて！」と言っても家族が片づけないのなら、聴覚系脳番地が衰えているかもしれません。ここが衰えていると、「なんとなく聞いている」だけなので、「片づけて」と口酸っぱく言っても、相手の頭の中に入っていかないのです。

「一応聞いてはいるが、すぐに聞き返すことが多い」人も、この脳番地が劣化している可能性があります。

聴覚系脳番地が衰えていると、「あの棚にこのファイルを片づけて」と言われても、聞いたことが頭に残らず、覚えておくことができません。つまり、聞くと同時に、聴覚系と記憶系の脳番地が両方働かなければ、次の行動に支障をきたすことになります。

それで、すぐに忘れて、行動できないのです。

テレビを見ているとき、**字幕ばかり追ってしまう人も要注意**です。耳で聴こうとしないため、視覚系脳番地ばかりを使うことになって、ついつい字幕に頼ってしまいます。

最近、気になるのは、調べ物をスマートフォンやパソコンに頼ってばかりで、**人に聞かない人**が多いことです。じつはこれは聴覚系脳番地を劣化させることにつながります。スマホやパソコンで調べ物をするということは、「人に聞かなくなる」「人と接する時間が少なくなる」からです。

さらに、一人暮らしの人や集団活動に参加することが少ない人は、聴覚系を使う機会がおのずと少なくなっていますので要注意です。

「聞き取ろう」とする意志が大事

そもそも聴覚系脳番地の衰えは、**「耳が遠くなった」という生理現象ではなく、「何かを聞き取ろうという意志の低下」によることが大きい**のです。ですから、積極的に

「聞き取ろう」と意識することが一番大事です。

聴覚という感覚は、自分が意識しなくても自然に耳に入ってくる、受動的なものです。「聞こえるから大丈夫！」と安心してしまいがちですが、単に耳に入ってくるものを自然に任せて「聞いている」のではなく、脳番地を鍛えるためには**「耳を澄ませて聴く」ことが大事**ということです。そしてその聴覚がしっかり働いているからこそ、記憶系脳番地や思考系脳番地がうまく働きます。

さて、聴覚系脳番地は、左右の耳の近く、すなわち、左脳側と右脳側、両方にあります。左脳と右脳のそれぞれで〝聞く〟役割が少し異なります。

左脳は、おもに言語の聞き取りに使われます。一方、右脳側は、周囲の音に注意を払うときに使われます。

ですから、右脳の聴覚系脳番地が弱い人は、自分の聞きたいこと以外には興味を示さない傾向があります。「君、そんなこと言ったっけ？」というのは、まさに上の空で聞いているからなのです。

また「人に何度も聞き返す」人は、左脳側が弱まっているといえます。この左脳側の「言語の聞き取り」については、じつは生まれて1、2カ月後から発達します。生まれたばかりの赤ちゃんは、聴覚系脳番地は未発達ですが、母親が赤ちゃんに話しかけることによって、この脳番地は成長します。ですから、「赤ちゃんは何もわからないから」といって、放置するのではなく、生まれたときからなるべくたくさん話しかけてあげることが大事です。すると、聴覚系脳番地もぐんぐん成長していきます。

成長してからも同じで、意識して〝聴く〟こと、じっくり人の相談に乗ることで、この脳番地が発達します。

そもそも「人が何を言っているか」を聞き取ることができなければ、その先には進めません。ですから家族に「片づけて」といっても、一向に片づけようとしない場合、聴覚系脳番地が劣化している可能性があります。

そんな場合には、**「今、私は何と言った？　同じことを言ってみて」と、聞いている家族に確認してみましょう。**これも、片づけをスムーズにしてもらうためのコツといえます。

聴覚系トレーニング1

ラジオを聴きながら家事をする

テレビを観る際には視覚と聴覚を使いますが、ラジオは聴覚だけが頼り。聞き流すならともかく、ラジオの内容を理解するには、しっかり聴いていなければなりません。ラジオの音声に集中することが必要になってくるのです。

ですから、ラジオを聴くことが多い人は、聴覚系脳番地が発達しています。

しかもラジオのいいところは、耳は使っていても「からだは空く」というところ。聴きながら、別の作業ができるわけです。ぜひ、ラジオを聴きながら、片づけをしてみてください。その際、音楽のように聞き流すのではなく、**ちゃんと内容を聞き取ろうとすることで、聴覚系脳番地が鍛えられます。**

パーソナリティやアナウンサーの言葉を復唱してみるのもいいでしょう。聴いて覚えなくてはならないので、同時に記憶系脳番地も強くなります。

聴覚系トレーニング2

人の話を聞いてメモをする

「耳を澄ましてよく聞く」には、**その場でメモする**ことをおすすめします。

メモを取ると、聞いたことをもう一度、頭に浮かべますので、二度同じ情報に接したことになります。後日、そのメモを見直せば、三度繰り返したことになります。一度聞いたことを三度繰り返すことで、脳への記憶の定着率は必ずアップします。もしアップしなければ、うつ状態か、認知症の兆候など、何らかの問題があると考えたほうがいいかもしれません。

メモを取って繰り返し見直すことは、いってみれば、自分でする伝言ゲームみたいなものなのです。メモを取るシーンとしては、講演会やセミナーが考えられますが、そんな時間も機会もないという人は、**よく行く店で店員さんの話をメモする**だけでもいいでしょう。

例えば家電製品は次々と新製品が出ますから、興味ある家電について、店員さんに機能を聞いてみるのです。機械類は独特の用語も多く、注意深く聞いていないとなかなか理解できません。理解系脳番地も鍛えられますし、最新の知識も得られて一石三鳥のトレーニングです。家に帰り家族に〝新ネタ〟を話してみれば、さらに聞いたことが繰り返されます。

また、友人の話を興味深く聞くことも大切です。人は自分の話に興味をもってもらえるとうれしくなるものですから、周囲の人との人間関係も今まで以上に円滑になっていくでしょう。

聴覚系トレーニング3

ホームパーティを開く

一人暮らしの場合、人の話を聞く時間を増やすには、自宅をもっと開放することです。私の田舎では、「人が出入りする家は家相が良い」という言い伝えがあります。亡き祖母は、一人暮らしではありませんでしたが、近隣だけでなく、行商の人も家に招き入れて世話をしていました。

人を招き入れる良い方法は、ホームパーティを開くことです。ホームパーティで集まった人たちとわいわいガヤガヤと楽しむことで、聴覚系はもちろん伝達系脳番地も鍛えられます。

何より**ホームパーティを開くために、準備の段階から人と積極的にコミュニケーションをとることになります。**買い物の際に店員さんと会話を交わしたり、レストランでおいしいと思った料理のレシピを聞いたりと、人と接する機会が増えるのです。

そして何といっても、**ホームパーティは片づけの大きなきっかけになります**。まず、来客の予定があると、「片づけよう」という気になるでしょう。最初はそれが、大変に感じてしまうかもしれませんが、ある程度の強制力が働かないといつまでも片づけられないという人には、チャレンジしてみてほしい方法です。逆に言えば、来客が多い家は結構片づいている傾向にあります。

ホームパーティの準備も片づけも、自分一人で背負う必要はありません。片づけの上手な友だちを指名して、友人の片づけテクを取り入れることも賢い方法です。

聴覚系トレーニング4

語学や楽器を習う

語学を勉強したり、楽器を習ったりするのも、聴覚系脳番地の絶好のトレーニングになります。

ラジオ講座は、耳からしか情報が入らないので、この番地を鍛えるにはぴったりです。もちろん、語学の上達も期待できますから、いいことずくめのトレーニングです。

特に日ごろ、家族に指示を出す側の人は、聞くより話すことが多くなりがちなので、**外国人講師の英会話**を習うことをおすすめします。日本語が通じない外国人であれば、相手の英語を聞くしかないので、聴覚系が強く刺激されます。

また、**楽器を習うと、注意深く先生のお手本を聴くことが必要なので、聴覚系脳番地が発達します。**ピアノを習うと、音質を聞き分ける能力が養われるとも言われており、その意味では外国語の発音を習得するのにも役立つと考えられています。

その他には、**ラジオ体操**をしたり、**ダンス**をしたりするのも、リズムに合わせて動く際に耳を澄ますので、聴覚を鍛えることにつながります。

聴覚系トレーニング5

自然の音に耳を傾ける

習い事には興味がないという人は、自然の音に注意を払ってみてください。

都会に住んでいてもスズムシの鳴き声や草が風になびく音など、意識をしていれば、自然の音は耳に入ってきます。

雨が降ったらその音に耳を傾けてみましょう。雨が降り注ぐ場所によって高い音になったり沈むような音になったり、違いを楽しめますよ。

さらに、**毎日できる方法としては、通勤時間や外出時間をいつもより30分早めてみることです。**耳にする雑音、足音、街の声など、いつも漠然と聞いていた音が不思議と全く違うことに気がつきます。つまり、**自然の音だけでなく、街の音も時々刻々と変わっていく**ので、その音の違いに気づかされるということです。こうしたことも聴覚系脳番地トレーニングになります。

column

般若心経を読んでみよう

般若心経（はんにゃしんぎょう）と言われて、今まで全く聞いたことも読んだこともないという人もいるかもしれません。そんな人にこそ、より効果的です。

私が般若心経に出合ったのは、中学３年の秋でした。クラスの女子生徒がお寺の娘で、毎日お経を読んでいるというのです。「へー、面白そう」と思って、家に帰り早速、祖母に、「お経を読んでみたい」と話すと、親戚が渡してくれたのが、般若心経でした。すべて漢字で、全く意味がわかりません。

読み方もわからないので、まずは、祖母の義兄が読誦（どくしょう）するのをじっと聞いて、読み方をまねすることから始めました。抑揚のつけ方、息継ぎの仕方など、独特の読み方です。

現在は、インターネットが発達し、動画でさまざまなお坊さんが読誦しているので、容易にまねできますから、ぜひ実行してみてください。聴覚系だけでなく、伝達系、理解系、視覚系、記憶系の複数の脳番地がしっかり鍛えられます。

8 伝達系脳番地

思いをうまく伝えていますか？

こんな症状があったら、「伝達系」が衰えているのかも？

- □「片づけて！」が口グセになってしまっている
- □ものの〝指定席〟をつくっても家族が守ってくれない
- □人に説明するのが面倒くさい
- □日記をつけていない
- □「何を言っているかよくわからない」と言われがち
- □明日やるべきことを事前に確認しない
- □「どうして言ってくれなかったの？」とよく言われる
- □身振り手振りで説明しない

□話すとき、相手の目を見ないことが多い

人をうまく動かせない人は片づけ下手

テキパキ動ける人は、「次はこうする、これが終わったらこうする」などとしっかり、自分で自分に言葉で指示が出せます。しかし、自分が脳番地を鍛えて、片づけができるようになったとしても、一緒に生活している家族が散らかしていたら、いつまでもわが家の片づけは実現しません。そうならないよう、家族にも片づけてもらうことが必要です。

このとき**「片づけてほしい」と、相手にしっかり伝えるのが伝達系脳番地の役割**です。ここが衰えていると、相手にうまく伝わらず、片づけられない家になってしまいます。

家族がこちらの思うように片づけてくれるかどうかは、伝え方が肝心ということです。言い換えれば、いかに人をうまく動かせるかということで、人を動かすマネジメント能力ともいえます。人を動かす力が低い人は片づけも苦手だといえるでしょう。相手にうまく伝わらなければ、当然、相手は片づけません。それなのに、自分の伝え方が悪いことに気づかず、「なんで片づけてくれないの！」と怒鳴ってしまえば、相手はますますやる気が失せ、片づけが実現しないどころか、関係性も険悪に。負のループができあがってしまいます。逆の立場になって考えてみればわかりますよね。

そうではなく、**相手が喜んで動くよう、言葉に気をつけたり、ちょっとお膳立てしてみたりしてください。**それが相手を動かす秘訣《ひけつ》です。

日ごろから相手に興味をもって観察し、相手のやる気を促すような言動をチェックしていれば、うまく伝えられるはずです。

伝達する力は、相手とのちょっとしたやりとり、日常的な気配りやささいな気づきなど、コミュニケーションの積み重ねから生まれます。伝達系脳番地を発達させれば、家族が進んで片づけをしてくれるようになるだけではありません。人とのやりとりが円滑になり、豊かな人間関係を築くことができ、イキイキとした人生を送れるようになるでしょう。

言葉にして片づけの「きっかけスイッチ」を入れよう

「相手にうまく伝わらない」というのは、言い方の問題とお伝えしましたが、じつは**「自分が思っていることをうまく言葉で表現できない」ことに原因があるのかもしれません。**私自身、「片づけて」と言われる立場ですが、そう感じることはしばしばあります。

というのも「この部屋を片づけて」と言われても、何から始めたらいいかわからないことがあるからです。そんなときは、きちんと言葉にして伝えてほしいのです。「片づけて」と言われて、何をどう片づけるかをすぐに理解してテキパキ動ける人はいいのですが、そういう人ばかりではありません。

例えば、「この机の上から片づけて」「次にクローゼットの中を整理して」などと、片づけの〝シナリオ〟を言葉にしてくれれば、片づけのスイッチが入るのになあ、と思います。そうでないと、とんちんかんな片づけをしてしまうことになりかねません。

自分で片づけるのなら、自分の頭の中で描いた手順やイメージで片づけることができますが、人に片づけさせる、あるいは一緒に片づける場合、自分の思うとおりに相手に伝わっているとは限りません。相手の解釈はさまざまですから、〝片づけ〟の順番とその内容を言葉にして明確に伝えることが大事です。

「人と話すのが面倒」「ちゃんと説明するのが面倒」という人は、伝達系脳番地を鍛え、「面倒くさい」を改善する必要があります。**できるだけいろいろな人と交流する機会をもって、自分の考えを伝える訓練をする**といいでしょう。

リアルなコミュニケーションが脳を活性化

また、〝伝達〟というと、会話をイメージしがちですが、日記や手紙を書いたり身振りで表したりするなど、相手に何かを伝えるとき、すべてに働くのがこの脳番地です。

最近ではメールやＬＩＮＥで〝伝達〟する機会が増えました。けれども、これらの使いすぎは、伝達系脳番地を発達させることにはなりません。むしろ、劣化させる危険があります。これらは一方的なもので、自分の都合のいいタイミングでしか相手とコミュニケーションをとらないからです。

相手の様子を目と耳で捉えて、どのようなニュアンスやイメージをもって相手に伝えるかは、右脳の伝達系脳番地の役割です。ですので、**メールやＬＩＮＥでは、左脳の伝達系脳番地が右脳より使われるため、左脳の伝達系が偏って発達することになりかねません。**

時々、メールやＬＩＮＥ上で〝キレる人〟がいますが、それは偏った脳の使い方が原因である可能性があります。

伝達系脳番地を鍛えたければ、リアルな状態で、いろいろな人とかかわったほうがいいでしょう。

伝達系トレーニング1

ブログやインスタで発信する

メールやLINEは〝一方的な伝達〟だとお伝えしましたが、やりすぎずに上手に利用すれば、伝える訓練になります。

特にブログやインスタグラムでの発信は悪くないと思います。メールなど特定の相手に発信するのとは違い、**不特定多数の人が閲覧する可能性があるもの**ですから、発信内容には十分留意しますよね。

発信するときには、読み手が読みやすいよう、また自分が発信したい内容が伝わるよう、構成を考えます。私も発信していますが、どうすればうまく伝わるか、頭の中で整理してから文章をつくり、写真も吟味して選びます。

こうして**構成を考えるのは、片づけにも通じます。**片づけるにあたっては、「これをここに置いて、あれは捨てて……」と、ある種の構成力が必要になってくるからです。話の構成がしっかりしていれば、聞き手も読み手もすっと頭に入ります。

試しに自分の部屋の様子を発信してみるのもいいかもしれません。片づける前でも片づいた後でも、何でもいいと思います。伝達系脳番地を鍛えながら、片づけも進んで一石二鳥です。

伝達系トレーニング2

片づけ日記を書く

手紙や日記を書いて、〝文章で伝える〟ことは、伝達系脳番地を鍛える良い方法です。

日記で、自分宛てにその日のできごとや気分、感想を伝えるのがおすすめです。キーボードを打ったり、スマホ画面をタップしたりするのではなく、手書きをすることで、記憶系脳番地も鍛えることができます。

いっそのこと、**〝片づけ日記〟と称して、日々の片づけの進捗状況を書いてみましょう。**「今日は机の引き出しを片づけた」「明日は洗面所の収納部分を片づけたい」など、片づけの記録も兼ねられるので、次回片づけるときの参考にもなります。

伝達系トレーニング3

他人の家の片づけをまねてみる

きれいに片づいている家を見て「いいな、私の家もこうしたいな」と思うことはあると思います。そう感じたら、帰宅後すぐに〝まね〟してみてください。

じつは**伝達系脳番地は、人のまねをするときにも刺激される**のです。

実際、他人の家に遊びに行くと、ずいぶんきれいに整理されていると思うことがあります。私自身、妹の家に泊まるとき、テキパキとものを片づける妹の姿を見て「母に似ている」と思うこともあります。「玄関には靴が1足しか置いていなかったな」「トイレにトイレマットを敷いていなかったな。そのほうがスッキリするな」「タオルの色はみなベージュだったな」など、ちょっとしたまねでいいのです。

人は人のまねをすることで、できなかったことができるようになったり、もっとできるようになったりします。そうなるのも、この伝達系脳番地の働きなのです。

伝達系トレーニング4

家族で一緒にアクティビティをする

片づけを家族にもしてもらいたいとき、担当を決めて、それは必ずやってもらう、というルールを決めるのも一案です。ただ、強制的になってしまっては逆効果で、結局片づきません。

協力的にやってもらうには、伝達の仕方も大事ですが、もう1つ有効な方法があります。それは、「**何かを一緒にする**」ことです。この〝一緒に〟というのも、「みんながやっていることをまねる」ということなので、伝達系を刺激します。

早朝のウォーキングでも、旅行先で陶芸体験をするのでも構いません。ぜひ家族〝一緒に〟活動する時間を共有してみてください。

日ごろからそのような習慣をつけておくと、片づけのときも、自然に一緒にやってくれるようになります。

その際には、**「一緒に片づけようよ」と言ってみてください。**人は〝一緒に〟と言われると、うれしくなるものなので、動いてくれる確率が上がります。

あるいは、みんながやらなくても、自分だけせっせと片づけてみる。すると、夫も子どもも「自分もやったほうがいいかな」という気になり、変化していきます。

いっそ、曜日や日にち、時間を決めて、家族一斉に〝**片づけタイム**〟をつくってみるのも、いい方法だと思います。

「茶碗はみんなで何時何分に一緒に洗う」
「ベランダは何時何分に一緒に掃除する」
「洗濯機は何時何分に回して、干すのはお父さん」

というように、やるべきことをリスト化するのもいいかもしれません。

そして、週に1回は、外出しておいしいものを食べる〝**お出かけデー**〟を設定しましょう。そうしたご褒美デーがあれば、片づけも楽しく進むはずです。

伝達系トレーニング5

週に1回は実家に電話をする

私はだいたい毎週1、2回は、実家に電話しています。特に用事がなくても、自分の近況を伝えたり、両親の様子や近所のことを聞いたりするのです。

最近は実家への連絡もメールやLINEで、という人が増えていますが、文字ばかり、しかも短い文章や絵文字で伝えていると、会話力が乏しくなってしまいます。

電話をすれば、自分が伝えたいことがちゃんと伝わっているか、その場でわかりますし、伝わっていなければ、言い換えたり表現を工夫したりして、すぐに伝え直すことができます。その**会話のやりとりの中で、伝達系脳番地が発達するのです。**

実家の人たちも、あなたの声を聞けば安心するはずです。年老いた両親のそのときの体調が声に出ますので、いろいろと気がついて、次の対策も立てやすくなります。親孝行だと思って、週1回の電話を習慣にしてみてください。

column

片づけてほしいときは“3つの案”を伝えてみよう

家族にただ漠然と「そこ、片づけて！」と言っても、なかなか片づけてくれないとき、まず試してもらいたいのが、具体的な片づけのやり方を３つ提示して、どれか１つを選んでやってもらうことです。

例えばリビングのソファにいつも家族のものがあって、なかなか片づかないとします。洋服だったりカバンだったり本だったり鉛筆だったり、その種類もいろいろあるとき、

「この洋服は、洗濯機に入れる？　クローゼットのかごに入れる？　それとも捨てちゃう？」

「鉛筆は、ペン立てに立てる？　筆箱にしまう？　こっちのかごに入れる？」

というように、具体的な案を伝えます。

すると、「３つのうちのどれかをすればいい」と、具体的に理解できるので、相手は行動しやすくなります。自分自身の伝達力も鍛えられます。

案を提示するには、相手がどういう案を用意したら片づけてくれそうか、相手のことをある程度分析しておかねばなりません。これを習慣にすれば、伝達力だけでなく、思考力もつくでしょう。

“３つ”とするのも意味があります。じつは脳は、明確な数字を示すと、考えをまとめやすいという性質があるのです。「だったら２つでもいいじゃないか」と思われるかもしれませんが、たいてい人は、２つは容易に考えられますが、あと１つは頭をひねらないと出てこないもの。それを考えることで脳が活性化するのです。

また、複数やってほしいことがあるときに、１番目、２番目、３番目と、順序をつけて３つの提案をしてみましょう。そうすれば、２番目を先にやるとか、相手も選択するだけでなく行動する手順を決めることができて、やりやすくなります。

このように提案を３つ準備して、伝え上手になれば、部屋もきっと片づきます。

第3章
脳が〝片づけを習慣化〟できるコツ

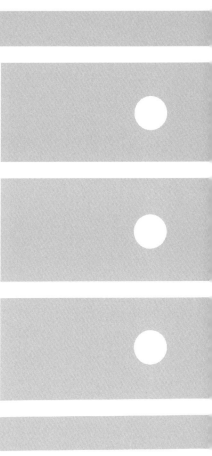

第2章では「片づけ脳」になるための、脳番地ごとのトレーニング法を紹介してきました。トレーニングを続けることで、「片づけられない」脳レベルは改善していき、片づけられるようになります。

さて、この章では、より早く「片づけ脳」になるために、そして「片づけ脳」を維持し続けるために、身につけたい〝習慣〟について解説します。

具体的には次の2つです。

1　脳に良くない習慣を見直すこと

2　気軽に片づけを行う仕組みを取り入れること

これはつまり、脳が〝片づけを習慣化〟できるコツです。

日々の暮らしの中で、脳がスムーズに片づけ力を発揮できるように、参考にしてみてください。

「片づけられない習慣」ができていませんか？

脳は、何かをやり続けていると、目標が達成できる脳になるように働き、成長していきます。何かをやればやるほど、脳はできるようになり、やらなければやらないほど、それができなくなるのです。つまり、「習慣に対する適応性がある」といえます。日ごろやっている習慣が良くても悪くても、その習慣に合わせるように働いていくのです。

料理を例にとりましょう。

料理すればするほど、料理が得意になります。逆に「苦手だから」とあまり料理しなければ、脳は「料理するとは、何を、どうすることなのか」を忘れてしまうので、取りかかるまでに時間がかかるし、実際料理を始めても手順が悪かったり、できあがりもイマイチだったりします。それで「ああ、やっぱりだめだ」とさらに苦手意識がついて、どんどんできなくなってしまいます。「料理ができない習慣」がついてしまうのです。だからこそ「料理する習慣」をつけることが大事になってきます。

片づけも同じです。**やらなければやらないほど「片づけは苦手」で「片づけられない脳」のままになってしまいます。**ですから「片づける習慣」をつけることが大切なのです。

これまで見てきたように、**片づけには複数の脳番地をしっかり働せることが必要に**なってきます。

そこで、**まずは「脳に良くない習慣」を見直してみましょう。**

第2章のトレーニングと重なる部分もありますが、特に良くない習慣は「睡眠不足」「スマートフォンの見すぎ」「からだを動かそうとしない」の3つです。順番に説明しましょう。

脳に良くない習慣を見直そう

①睡眠不足

脳にとって、睡眠不足は大敵です。脳が覚醒しない状態では、複数のことを同時に処理したり、考えたりすることが困難になります。片づけはおろか、家事も仕事もぼんやりしたまま中途半端に終わってしまうでしょう。

片づけようにもどこから手をつければいいのか判断できませんし、記憶力も落ちてしまい、ますます片づけから遠ざかってしまいます。

片づけられない人は、だいたい「**忙しい**」ため片づけられない傾向にあります。忙しいから寝る時間も遅くなってしまいます。すると、睡眠不足になり、ストレスがたまりやすくなります。そうなると、朝スッキリ起きられず、片づけに対してもモチベーションが上がりません。そしてまた片づけられないがためのストレスもたまってしまう……そんな負のループに陥ってしまいます。

日本人は、「がんばる=睡眠を削る」と考えがちです。しかし、これは脳科学的には誤りです。午後11時には眠り、7時間以上の睡眠を確保することをめざしましょう。6時間以下の睡眠では、午後になると必然的に眠くなったり、イライラして集中できなくなったりします。5時間以下の睡眠では、「どうでもいい」という投げやりな気持ちになりやすくなり、がんばることはできません。

②スマートフォンの見すぎ

スマートフォンは、第2章でも何度も触れてきたとおり、過度に使用すれば脳にいい影響を与えません。

復習になりますが、スマホの見すぎは、狭い画面を長時間見ていることになるので、眼球運動がほとんどなく、脳は「これでいいんだ」と理解してしまいます。すると、視野が限られ、**視覚系脳番地が弱くなります。**〝ある〟のに〝見えていない〟ということが起きます。

また、電話をせずに、LINEなどでやりとりするようになり、しゃべることが減っています。口腔運動が減ることで、**運動系脳番地の劣化**につながります。

電話しないことで、〝聴く〟ことも少なくなってしまいます。**伝達系脳番地とともに聴覚系脳番地も弱体化**しているということです。

また、スマホで何でも検索できてしまうので、物事を覚える必要がなくなり、**記憶系脳番地も衰えていきます。**例えば、あなたは友人3人の電話番号をそらで言えますか？　固定電話しかなかった時代、親しい友だちの家の電話番号は、自然にダイヤルを回せていたはずですよね。

スマホの便利さの裏側で、私たちの脳はどんどん劣化しているわけです。また、スマホのやりすぎは、①の睡眠不足の原因にもなっています。特に就寝前のベッドの中での操作は、控えるべきです。

ただし、私はスマホを使うなと言っているわけではありません。長時間の利用を控えて、適切に使えばもちろん便利ですし、役に立ちます。それを自分でコントロールできるかどうかということです。これにより、あなたの脳レベルが決まってくるのです。

③からだを動かそうとしない

「からだを動かそうとしない」という習慣の根底にあるのは、「**面倒くさい**」という思いではないでしょうか。

「元に戻すのが面倒くさい」
「掃除機をかけるのが面倒くさい」
「ゴミを捨てるのが面倒くさい」
「整理するのが面倒くさい」
「分類するのが面倒くさい」

「運ぶのが面倒くさい」
「移動させるのが面倒くさい」
「収納場所のサイズを測るのが面倒くさい」

……こんなふうにいちいち面倒くさいと感じていたら、何もできません。「面倒くさいときこそ、からだを動かそう」と、第2章の運動系脳番地の項でも説明しました。何もかもが〝やりっ放し〟の状態であれば、片づくはずがありません。

「面倒くさい」というのは、両手、両足、両目を使わないこと（からだを使わないこと）であり、脳から考えると、左脳と右脳の運動系脳番地にある、手、足、目の部位を活動させないことです。

これは、**「動かすように」という、思考系脳番地の指令が行き届いていないか、そもそも指令が出されていないからかもしれません。**つまり、脳がぼんやりしてしまっている、それぞれの脳番地がしっかり働かなくなっている状態といえます。

繰り返しますが、脳は何かをやればやるほどできるようになりますし、やらなければできなくなる、習慣性の高い器官です。日常のさまざまな事柄を面倒くさがってしまうと、本来、「面倒くさくない」ことにまで「面倒くさい」と反応してしまい、結局、「何もしない・できない」となってしまいます。

「面倒くさい」と考えないように意識して、脳番地をしっかり機能させないと、片づけだけでなく、ほかのこともできなくなってしまう恐れがあるのです。

片づけを習慣化できる仕組みを取り入れよう

①「朝片づけ」のすすめ

「片づける習慣」をつけるためには、習慣化できる仕組みを取り入れるのが有効です。

じつは私は、いつのころからか「朝片づけ」をするようになりました。朝起きて、すぐに片づけをするのです。例えば、連載中の新聞や雑誌の切り抜きを朝やります。机の上も、朝イチで見渡して整えます。30代、40代では考えられないほど、片づけをするようになりました。自分でも「進歩したな」と思います。

なぜ私が朝、片づけができるようになったかというと、**早寝早起きを実践**するようになったからです。睡眠を十分にとっているので、毎朝スッキリした気分で目覚めます。気分がスッキリしていて、頭もクリアだと、見えるものもスッキリさせたくなるのです。

まず、食卓の上とかソファの上に置いてあるこまごましたものを片づけます。これらは前の晩、私が寝た後に、家族が置きっ放しにしたものたちでしょう。それらを、所定の場所にしまうのです。寝不足だと、家族の置きっ放しのコップや食器まで気が回りません。

また「朝仕事」として、家族を起こしています。それから身支度を整えて、朝の5キロの散歩に出かけて、歩きながら頭の中を整理します。今日1日行動するために、まず歩きながら、昨日のことを振り返ったり、今日の予定を想起したりしてシミュレーションするのです。

このように、**朝にスッキリした状態をつくり出す習慣をもつと、あらゆる物事がうまくいく**ことを実感しています。

散らかしたのは家族なのに、なんで自分が片づけなくちゃいけないの？　と腑《ふ》に落ちない人もいるかもしれません。でも、私は散らかしていない自分が片づけることに、特に何も感じません。朝の時点で脳がクリアになっていて、自分に余裕ができているから、そうした気持ちも湧かないのです。

以前は、そのような余裕は全くありませんでした。今は以前よりもさらに忙しい生活を送っているのに、余裕があるのです。

むしろ、家族がまだ寝ているときに、「自分は片づけをしているんだ。脳がしっかり活動しているんだ」と思うと、優越感を覚えるほどです。


さらにいいのは、片づけをしているときは、昼間使っていない脳を使えるということです。昼間の私の仕事は、患者さんと話をすることですから、伝達系、聴覚系、思考系などが働きます。一方、「朝片づけ」は、家族との会話が始まる前で、ただひたすら手を動かします。運動系脳番地をたくさん働かせることになるのです。

私にとって**「朝片づけ」は、使っていない脳番地を鍛えるトレーニング**だと思って続けています。実際、仕事も以前よりうまくいくようになりました。

早寝早起きでしっかり睡眠をとれば、「朝片づけ」ができるようになります。これを習慣化すれば、人生が変わるのです。

②朝・昼・晩で片づけのレベルを変えてみる

次に、朝・昼・晩で片づけのレベルを変えてみましょう。

「片づけのレベルを変える」とはどういうことかといいますと、じつは**脳は、朝・昼・晩で状態が違うので、そのレベルに合わせて片づけをする**ということです。

脳が1日の中で状態が異なるというのは、ふだんの生活を振り返ってみても実感できると思います。

朝、十分睡眠をとっていれば、頭はスッキリしていますが、午後になると、疲れて集中力がなくなったり眠くなったりしますよね。それは、脳がしっかり働いている証拠でもあります。そして朝から脳を活動させていれば、夜には疲労してくるのは当然です。

そうした脳の特徴をつかんで、脳に無理がかからないようレベルを合わせて片づけをすれば、スムーズに片づけが進みます。

◆朝は覚醒するために、水回りを集中的に

まず、朝は脳が覚醒し始めている状態なので、その覚醒を促すような片づけを毎朝1つ決めるといいでしょう。

朝から理解系や思考系は働かないので、どちらかというと、手を動かすといった、**考えなくてすむような単純作業的な片づけ**が適しています。そうした作業をすることで頭がスッキリしてきます。

代表的なのが、水を使う食器洗いや洗濯です。手に水がかかることで「冷たい」と感じ、脳の覚醒を促します。洗面所の鏡や蛇口を毎朝磨くようにするのもおすすめです。朝のルーティンワークにすれば、目覚めもスッキリ、鏡や蛇口もピカピカになるので気分よく1日がスタートできます。

◆もっとも覚醒する昼は大物の片づけを

昼は脳が一番覚醒しています。ですから**視覚系や運動系、思考系を使う片づけ**が適しています。家具を動かしたり庭の掃除をしたりと、少し大きな動きが必要な片づけは、昼間にするのが一番です。

また、昼食をとった後は、たいてい眠くなるので、**仮眠をとる**ことをおすすめします。仮眠後はスッキリするので、ゴミ捨てや掃除機かけなど、テキパキ動いてやる片づけが、サクサク進みます。

◆疲労がたまる夜は、頭もからだも使わない片づけを

夜は1日動いた後なので、脳もからだも疲れています。ですから、頭もからだもあまり使わずにできる片づけがいいでしょう。

例えば、新聞を日付順に並べたり、レジ袋や紙袋を大・中・小と大きさ別に仕分けたり。テレビを見ながら**のんびりとやれること**がいいでしょう。

③1週間の片づけをメニュー化してみる

1日の中で片づけのレベル分けに慣れてきたら、1週間の片づけをメニュー化して、「週間の片づけリズム」をつくってみましょう。

各曜日にメリハリや特徴をつければ、曜日に紐付いているので忘れないようになり、

リズムがついて、片づけが生活の一環になっていきます。

月曜日は、週のはじめなので、エネルギーが十分に蓄えられています。とはいえ最初にエネルギーを使い切ってしまうと、１週間続かないので、あまり複雑な片づけはやらずに、**1週間の片づけのプランニング**をしてみてはどうでしょうか。

火曜日は、**「火」を使うコンロなど、台所まわりの片づけ**を。コンロは使うたびに汚れを拭き取っておけば、ある程度きれいな状態が保てます。それを毎回やっているなら、火曜は台所の棚や引き出しなど、不要なものはないか確認する日にするといいでしょう。

水曜日は水回りの日として、トイレやお風呂場、洗面所などをチェックする日。毎朝洗面所を磨いているという人は、引き戸など収納の整理を毎週水曜にやるのもいいでしょう。

木曜日は「木」ということで、木製のタンスや書棚、チェスト、椅子などの**家具類を、〝濡れぞうきん〟と〝から拭きぞうきん〟で拭いてみましょう。**収納している本や服などの状態を確認するのもいいですね。

金曜日はお金の片づけです。金曜に1週間分のお金の出入りの振り返りをするのです。たまったレシート類の整理も1週間単位でやるように習慣づければ、面倒くさくなくなります。銀行に行って通帳記入をする日にしてもいいでしょう。

土曜日は「土」ですから、**玄関まわりの片づけ**を。庭のあるご家庭は庭の掃除をする日にしてもいいですね。

日曜日は、家族が揃う確率が高いので、**家族全員で〝お掃除&片づけデー〟**にしてはどうでしょうか。その際は、家族が「やらされている」と感じないよう、うまく誘導することがポイントです。

第2章でも紹介した「宝もの（ゴミのことですが）拾い競争」など、イベント的な

月
火
水
木
金
家計簿
土
日

要素を盛り込むと、子どもも進んでやってくれるようになります。片づけばかりではなく、2週間に1度〝ご褒美デー〟を設ければ、家族も片づけのモチベーションが上がります。

追補
片づけができると、こんなにメリットが！

「片づけ脳」で人生が輝く

私には、片づけに関して、忘れられない思い出があります。

研究の関係で家族でアメリカに滞在中、息子たちの友人家族がわが家に遊びに来たときのことです。

お開きの時間になり、そのご家族のお母さんが「さあ、子どもたち、帰るわよ」と声をかけたとたん、2人の息子さんは、部屋中散らかしていたたくさんのおもちゃを、あっという間に元通りに片づけたのです！

あれには驚きました。

まず、お母さんの一声で、さっと動く。聴覚系脳番地と運動系脳番地がしっかり動いている証拠です。今、何をすべきかということも理解できているので、理解系脳番地もしっかり発達しているのでしょう。

そして、あっという間に、ミニカーはミニカーが入っていたかごに、というように、元の場所に片づけたのです。この早業は、視覚系脳番地や記憶系脳番地が発達しているからこそできることです。

今やそのお子さんは2人とも立派な青年に成長し、学校の成績もトップクラスで、それぞれ自分たちのやりたい道に進んでいるそうです。

この事例からいえるのは、「**たかが片づけ、されど片づけ**」。片づけがテキパキできている子どもは、各脳番地がしっかり養われ、めざましく成長することができる、ということです。これは私が実体験として感じる真理です。

本来、幼少期からこうした〝いいクセ〟を脳にインプットすることが望ましいといえます。早く習慣化されればそれだけ脳も活性化し、日々過ごすうえでさまざまなメリットを小さいころから享受できるのですから。

とはいえ、脳は死ぬまで成長します。大事なのは、気づいたらそのように動いて、早めに脳にいい習慣をつけさせることです。

では最後に、片づけができるようになると、他にどのようなメリットが得られるのか、整理してお伝えしたいと思います。

(1) 美しくなる、若返る!

片づけができていれば、余計なストレスを感じなくなります。そうなると、自分に余裕ができるため、美しくなるための時間、自分を磨く時間を、より多くもつことができます。やりたかった活動を増やすことができ、イキイキとした生活を送ることができるでしょう。実年齢より若く見られることも増えるかもしれません。部屋が片づいてきれいになると、自分自身もきれいになっていくのです。

(2) 会話上手になる!

片づけ上手な人には会話力があります。理論がしっかり組み立てられているからです。

片づけるとき、ダラダラ片づけるのではなく、さっと効率よく的を射た片づけができる人は、「こういう片づけをしたい」と目標やイメージをもち、それに向けて、どういう作業が必要になるかがわかっています。「まずあの机をどかして、つぎにあの隙間にあれを入れて……」と、手順が明確かつ的確なのです。

人との会話でも、相手が言わんとしていること、酌んでほしいことなどをサッと察知し、話を広げていくことができます。そういう人と話すのは楽しいですよね。

(3) コミュニケーション能力が高くなる！

片づけができるようになれば、人とコミュニケーションをとるのも上手になります。それは言動にムダがなく、内容が的確だからです。

家族と行う片づけシーンを思い起こしてください。家族に片づけを頼む場合は、いかに相手が動いてくれるかがポイントです。気持ちよく動いてくれるような伝え方、お願いの仕方が大事で、的確な指示を出すことが求められます。つまり、コミュニケーション能力が鍛えられるのです。

(4) テキパキ行動できるようになる！

片づけは、「動く（行動する）」ことなしに進みません。運動系脳番地が強化され、

「ゴミが落ちていたら拾う」「洋服が引き出しからはみ出ていたら、しまい直す」「使ったものは元の場所に戻す」といったことが、反射的にできるようになります。

そうなると、ほかの事柄でも、行動が早くなります。テキパキ動く「脳のクセ」がつくようになるのです。

（5）人とトラブらない！

「片づけ脳」の人は、理解系脳番地が鍛えられているので、「何をどうすれば片づくか」をすぐに理解できます。そのため、物事を処理する速度が速くなります。

片づけでも仕事でも家事でも、サクサクと進むので、文句やグチを言いません。ブツブツ言うことがないので、他の人とのトラブルも起こりません。

（6）時間が生まれる！

「片づけ脳」になると、おのずと片づけができるようになり、ものを探す必要がなくなります。ものを探すという、時間のムダがなくなるのです。

時間ができることで、精神的なゆとりも生まれます。趣味を充実させたり、育児をていねいにしたり、生活が見違えるように変わるでしょう。仕事の効率もよくなり、会社でも評価アップが期待できます。

(7) お金が貯まる！

100円ショップに入ったら、「買わない」と決めていても「つい、買ってしまった」という経験がある人は多いはず。けれども「片づけ脳」になると、思考系脳番地が鍛えられ、「必要なもの」と「そうでないもの」が明確にわかるようになります。ムダな買い物をしなくなり、貯金ができるようになります。

(8) 観察力がつく！

片づけるには、「この部屋をどう片づければいいか」まず見回して、状況を認識する力が必要です。「片づけ脳」になれば、視覚系脳番地が鍛えられるので、ふだんでも、物事を観察するクセがつきます。

そのため、仕事先や友人から「よく気がつく」と、賞賛されることも増えるでしょう。人間関係も良好になっていくに違いありません。

（9）集中力が上がる！

「片づけ脳」になると、集中力も高まります。思考系脳番地が鍛えられ、ムダなところで脳を使わないようになるからです。「片づけたいけど、あれしなきゃ、これしなきゃ」と、注意散漫になることがなく、片づけに集中できるようになるのと同じように、物事に集中して取り組めるようになります。

勉強や仕事にも好影響をもたらすでしょう。

（10）文章力が向上する！

片づけができる人は、空間認知力が備わっているので、「何をどこにどれくらい置けばいいか」を把握できます。順序よく考えて組み立てることができるということです。

この力は、話をするときに、順序立てて話せることにもつながりますし、しっかりした文章を書く力にも働きます。文章を書くときには「構成力」が必要だからです。その力が「片づけ脳」によって強化されるのです。

（11）認知症を予防できる！

片づけはとても頭を使う行為です。無意識のうちに細かい段取りを組み、時間管理、空間管理をしながら取り組んでいくものだからです。さまざまな脳分野を駆使して、それぞれをつなげているからこそできることです。

ですから、片づけによって各脳番地が鍛えられ、認知症を予防できます。

（12）自立心が生まれる！

片づけには判断することが欠かせません。「要る」「要らない」を、自分の基準に沿って判断しないと、片づけにはならないからです。自分で判断ができるよう「脳のクセ」がつけば、片づけ以外の物事でも自分基準で判断がつくようになります。

つまり、人に惑わされない、精神的に自立した人になれます。ひいては、どんな状況でも主体的に生き、自分が望む未来をつかむチャンスに恵まれるでしょう。

おわりに――あなたの人生を変える「片づけ脳」

片づけには、脳の個性が大きく関係しています。

脳はいくつになっても成長します。しかし、その成長の過程は、その人の人生経験が大きく影響して、脳の中では脳番地ごとに伸びていきます。

これまでに、片づけや整理術について、雑誌などのメディアから取材を受けてきました。

「片づけ脳のタイプ」については、一般社団法人日本ライフオーガナイザー協会から講演を依頼されてお話をしたこともありました。

現在、加藤プラチナクリニック（東京都港区白金台）では、ＭＲＩを用いて、片づけの苦手な方にも診断と治療を行っています。著者が10年以上前に開発した加藤式脳画像診断法を用いることで、ＭＲＩで脳を見れば、片づけが得意な人、不得意な人の見分けもつきます。

この本では、1万人以上におよぶ脳画像診断の経験から、片づけができる脳を「片づけ脳」と呼ぶことにしました。片づけ脳に一歩でも近づくために、本書では脳の弱い部分を鍛えるトレーニングを紹介しました。

「片づけ脳」の特徴は、左脳の思考系が発達し、考えたことを即行動に移せるということです。また、見ただけで状況がすぐに理解できるという特徴も持っています。つまり、右脳の視覚系と理解系が発達しているのです。

職業では、熟練したＣＡ（キャビンアテンダント）や仕事ができる秘書は、一目ですぐにお客様の要望に応対したり、人と人をスムーズにつないだりできるので、片づけ脳を備えているといえます。ＣＡや旅行ガイドさんの中には、長年旅をしているので、荷物のパッキングは大の得意という人もいます。また大工さんやものづくりの工房で働く人たちは、正確にものをつくる技術を持っているだけでなく、準備や後片づけも怠りませんので、おのずと片づけ脳になっていきます。

クリニックの「脳画像診断外来」を受診される方々をみていると、仕事ができる人や勉強ができるお子さんであっても、集中力を発揮できるときと優柔不断なときとの差が激しい人は「片づけられない脳」であることが多い傾向があります。

たしかに、1日の仕事を終えて家路につき、もう一度、集中力が必要な片づけをするのは容易ではありません。片づけることで何か楽しくなる動機が必要になります。

ちなみに、私自身は、元々は片づけが得意ではありませんでした。妹の後日談によれば、保育園から小学校低学年まで、「パンツ、シャツ、靴下、パジャマは、脱ぎっぱなしにするどころか、投げ飛ばして放置し、それを母が後ろから拾っていた」とのことです。また、新米医師のころは、ほとんど病院に寝泊まりしていたので、下着類の問屋を営んでいた義叔父からもらった新品の下着の上下20セットほどを片っ端から洗濯もせずに使っていました。8月のある日、アパートに帰ってみると、ランニングシャツが緑色や茶色のカビでやられてしまっており、その光景に唖然《あぜん》としました。このころはまだ、片づけそのものを意識する段階にない、全くの「片づけられない脳」でした。

私の場合、睡眠不足や過労で疲れていても好奇心が衰えず、3つ4つのことを欲張って全部やろうとするクセがありました。つまり、物事の優先順位をつけることが上手にできていなかったのです。

しかし今は、いくつかの工夫を施すことでかなり改善したという実感があります。例えば、仕事前の「朝片づけ」として、連載している新聞や雑誌を切り抜きファイリングする作業を行っていますが、「面倒くさい」気持ちは起こらず、むしろ、自分の書いた記事を読み返しながら、次はこうしよう、ああしようなどとアイデアが浮かびます。この比較的細かい作業を夕方以降にやろうとすると、脳が疲労しているためか発想が広がらないのです。

また、ついつい欲張りグセが出てきて、あれもやりたい、これも面白いとなってしまうので、やりたいことは項目にタイトルを付けて1ファイルにします。実際に、これらのファイルが20、30になってしまうので、今週やるべきファイルだけを取り出して、目に見える位置に置きます。ときには、床に優先順位をつけて並べます。

こうすると、頭の中がスッキリしてやる気も出てきます。

どんな脳も柔軟だと思うのは、そういった工夫を続けていると、片づけるという概念さえなかった「片づけられない脳」の私でさえ、だんだん片づけられるようになっていったのです。

本書でも述べた通り、片づけは複合的に脳を使いますので、脳番地トレーニングとしても良いですし、片づけができるようになると、数々のメリットがあります。

まずは、面倒くさがらずに動いてみましょう。紹介した脳番地トレーニングから1つ選んでやってみましょう。そして、その際には「脳を成長させて片づけられるようになる！」と強い意志を持ってください。

引き続き、私は「片づけ脳」をめざしていきます。みなさんもぜひ取り組んでみてください。「片づけ脳」が運を引き寄せ、あなたの人生を明るく照らすことを願ってやみません。

加藤　俊徳

〔著者紹介〕

加藤俊徳（かとう　としのり）

脳内科医、医学博士。

加藤プラチナクリニック院長。株式会社「脳の学校」代表。

昭和大学客員教授。脳科学・MRI脳画像診断・ADHDの専門家。助詞強調音読法や脳番地トレーニング法を開発・普及。

1991年、現在、世界700カ所以上の施設で使われる脳活動計測fNIRS（エフニルス）法を発見。1995年から2001年まで米ミネソタ大学放射線科でアルツハイマー病やMRI脳画像研究に従事。発達障害と関係する「海馬回旋遅滞症」を発見。加藤プラチナクニックでは、独自開発した加藤式脳画像診断法を用いて小児から超高齢者まで、脳の成長段階、強み弱みの脳番地を診断し、脳を強化する健康医療を行う。

主な著書に『片づけ脳』（自由国民社）、『一生頭がよくなり続けるすごい脳の使い方』（サンマーク出版）、『1万人の脳を見た名医が教える　すごい左利き』（ダイヤモンド社）、『頭がよくなる！ 寝るまえ1分おんどく366日』（西東社）、『ADHDコンプレックスのための“脳番地トレーニング”』（大和出版）、など著書・監修書多数。

※著者による脳画像診断をご希望される方は、以下をご覧ください。

・加藤プラチナクリニック公式サイト　https:// nobanchi.com

2019年 5 月31日　初版発行
2024年 4 月17日　新装版発行

部屋も頭もスッキリする!
片づけ脳　新装版

著　者　　加藤俊徳
発行人　　石井　悟
印刷所　　八光印刷株式会社
製本所　　新風製本株式会社

発行所　　株式会社自由国民社
〒171-0033　東京都豊島区高田3-10-11
03-6233-0781（代）

本書は、『片づけ脳』（2019年５月31日初版発行）の新装版として刊行したもので、内容は同一です。

カバーイラスト　どいせな
本文イラスト　にいじまみわ
装　丁　小口翔平＋神田つぐみ（tobufune）
本文デザイン＆DTP　有限会社中央制作社

編集協力　千崎研司、江頭紀子
企画編集　井上はるか（自由国民社）
営業担当　横井奈美（自由国民社）